法天下学术文库

J 经济法学前沿问题研究

INGJIFAXUE QIANYANWENTI YAN JIU

张学博 著

中国政法大学出版社

2023·北京

图书在版编目（ＣＩＰ）数据

经济法学前沿问题研究/张学博著. —北京：中国政法大学出版社，2023.10
ISBN 978-7-5764-1223-9

Ⅰ.①经… Ⅱ.①张… Ⅲ.①经济法－法的理论－中国 Ⅳ.①D922.290.1

中国国家版本馆 CIP 数据核字(2023)第 238152 号

出 版 者	中国政法大学出版社
地　　址	北京市海淀区西土城路 25 号
邮寄地址	北京 100088 信箱 8034 分箱　邮编 100088
网　　址	http://www.cuplpress.com (网络实名：中国政法大学出版社)
电　　话	010-58908586(编辑部) 58908334(邮购部)
编辑邮箱	zhengfadch@126.com
承　　印	固安华明印业有限公司
开　　本	720mm×960mm　　1/16
印　　张	11.75
字　　数	220 千字
版　　次	2023 年 10 月第 1 版
印　　次	2023 年 10 月第 1 次印刷
定　　价	59.00 元

目 录

CONTENTS

第一章
共同富裕视野下数据治理[1]的法治保障
——从欧盟《数据治理法案》切入

2021 年 12 月国务院发布的《"十四五"数字经济发展规划》，指出数字经济已成为"重组全球要素资源、重塑全球经济结构、改变全球竞争格局的关键力量"，"数据要素是数字经济深化发展的核心引擎"。[2]这标志着中国已经将数字经济上升为国家战略。如何塑造我们的数据要素市场和促进数据要素的流通、使用成为我们当前的重点工作。学术界围绕这个问题提出了数据要素赋权模式和数据行为规制模式两种治理模式。考察欧盟和美国的数据治理相关法律规则，我们发现欧盟美国立足于数字经济的先发优势，都倾向于采用人格权和隐私权保护方式来解决数据治理问题，而并未倾向于对数据要素赋权的方式。中国作为数字经济中的数据大国，应该坚持数据治理的财产赋权模式，更有利于中国在国际数字经济竞争中处于有利地位。共同富裕是中国式现代化的重要特征。习近平总书记的共同富裕理论为我国的数据赋权提供了强有力的理论支撑，因为数据赋权有利于普通个人在数据治理中获得财产收益权。另外，中国的数据治理应充分借鉴欧盟美国的数据治理方案的内容，在加强个人数据人格权隐私权保护的同时，建立一系列配套法律制度，同时运用公法、私法治理手段，推动

---

〔1〕 参考欧盟《一般数据保护条例》和《数据治理法案》中的概念，"数据治理"指处理个人数据中对自然人保护的规则，以及个人数据自由流动的规则。鉴于本章篇幅所限，本章中的"数据处理"主要聚集于后者，即个人数据自由流动的规则，抑或指能够具有商业价值的数据治理。

〔2〕 参见"国务院关于印发'十四五'数字经济发展规划的通知"，载 http://www.gov.cn/zhengce/content/2022-01/12/content_5667817.htm，最后访问日期：2022 年 4 月 10 日。

中国数据要素市场和数据流通使用制度的完善，使中国在全球数字经济中立于不败之地。

习近平总书记指出："共同富裕是社会主义的本质要求，是中国式现代化的重要特征。""现在，已经到了扎实推动共同富裕的历史阶段。"[1]十九届四中全会决定首次将数据列为与土地、劳动力、资本、技术并列的生产要素。与以往工业革命主要替代体力劳动不同，以智能化为主要特征的新一轮科技革命，对简单脑力劳动和程序化工作的替代加快，由此可能导致中产阶级的扩张放慢，财富向少数人集中加剧，收入分配进一步扩大。[2]学术界围绕数据权利等问题展开了大量研究，取得了丰富的成果。

对于政府和民众而言，如何运用数据来推进数字中国、实现共同富裕才是核心问题，也就是数据治理问题。2022 年 4 月 6 日，欧洲议会以 501 票赞成，12 票反对通过了欧盟《数据治理法案》（Data Governance Act，DGA）。《数据治理法案》旨在促进整个欧盟内部和跨部门之间的数据共享，增强公民和公司对其数据的控制和信任，并为主要技术平台的数据处理实践提供一种新的欧洲模式，帮助释放人工智能的潜力。通过立法，欧盟将建立关于数据市场中立性的新规则，促进公共数据（例如，健康、农业或环境数据）的再利用，并在战略领域创建共同的欧洲数据空间。[3]目前中国的数据立法主要包括《个人信息保护法》[4]《数据安全法》《网络安全法》三部。其核心内容是保护个人信息权并保护数据和网络安全。这体现了我国数据立法对个人基本权利及国家数据主权的高度重视，但对于如何实现数据治理，从而推动共同富裕问题，显然是不够的。研究中国的数据治理环境，研究欧盟和美国的数据治理机制，为中国的数据治理提供

---

〔1〕 习近平："扎实推动共同富裕"，载《求是》2021 年第 20 期。

〔2〕 王一鸣："百年大变局、高质量发展与构建新发展格局"，载《管理世界》2020 年第 12 期。

〔3〕 参见欧盟委员会网站 https://data.europa.eu/en/datastories/data-governance-act-open-data-directive，最后访问日期：2022 年 4 月 10 日。

〔4〕 全称为《中华人民共和国个人信息保护法》，本书涉及中国法律，统一省去"中华人民共和国"字样，直接使用简称，下文不再赘述。

现实可行之道，是学术界应该高度关注的核心问题。

一、中国数据治理的几种路径

2017 年 12 月 8 日，习近平总书记在中央政治局实施国家大数据战略进行第二次集体学习时的会议上指出："要制定数据资源确权、开放、流通、交易相关制度，完善数据产权保护制度。……善于获取数据、分析数据、运用数据，是领导干部做好工作的基本功。"[1]2020 年 4 月，中共中央、国务院发布《关于构建更加完善的要素市场化配置体制机制的意见》，要求"研究根据数据性质完善产权性质"。在我国倡导国家大数据战略的背景之下，大量学者对如何进行数据治理的法治保障进行了研究，形成了以下几种思路。对是否在数据要素之上设立权利这一问题还有较大分歧，即存在支持建立数据权利体系与采取行为规制模式的两类观点。

（一）数据治理的行为规制模式

行为规制模式主张搁置"数据权利化"的思路，不主张将数据权益上升为绝对化的权利。一方面，数据缺乏确定性、独立性等构成民事权利客体的基础；另一方面数据的绝对权化不利于数据高效流通共享。[2]在现有法律框架下，对于数据治理中发生的纠纷，主要采取行为规制模式，具体包括采取商业秘密保护模式、刑法保护模式、竞争法保护模式、合同法保护模式。

1. 数据治理的商业秘密保护

在我国，《反不正当竞争法》《劳动法》《民法典》等多部法律都对商业秘密加以保护，《刑法》也规定了侵犯商业秘密罪。[3]但是数据处理并

---

〔1〕　习近平："实施国家大数据战略　加快建设数字中国"，载 http://www. cac. gov. cn/2017-12/09/c_1122085408. htm，最后访问日期：2022 年 4 月 10 日。

〔2〕　参见陈兵、马贤茹："数据要素权益配置类型化研究"，载《科技与法律（中英文）》2022 年第 1 期。

〔3〕　参见丁晓东："论企业数据权益的法律保护——基于数据法律性质的分析"，载《法律科学（西北政法大学学报）》2020 年第 2 期。

非都满足非公开、采取保密措施等条件，因而也就并非都能受到侵犯商业秘密模式的保护。

2. 数据治理的刑法保护

《刑法》第 285 条第 2 款规定了非法获取计算机信息系统数据罪。在近年超过上千例的涉及盗用个人信息、网络虚拟财产、知识产权的相关案件，最后被司法认定为非法获取计算机信息系统数据罪。[1]

3. 数据治理的竞争法保护

2015 年以来，司法实践的一种新趋势就是试图激活《反不正当竞争法》第 2 条第 2 款的一般条款中的"合法权益"，以抽象的不正当竞争行为名义，对非法侵入、使用企业数据等行为加以排除和进行救济。[2]比较典型的案件就有"新浪微博起诉脉脉抓取使用微博用户信息案""大众点评诉百度不正当竞争案""淘宝诉美景公司案"。在"新浪微博起诉脉脉抓取使用微博用户信息案"中，北京知识产权法院提出了"三重授权原则"，即用户授权+平台授权+用户授权原则。[3]胡凌在回顾了互联网 20 多年的发展史后，认为一部互联网发展史就是互联网"非法兴起"的历史。[4]由于确权对象的快速变化，集中于行为规制的竞争法裁判和执法模式对解决纠纷更加可取。立法者和法官发现，随着不正当纠纷的快速大量增加，成文法无法穷尽列举出现的所有新型侵犯市场秩序的行为，只能转向原则性条款。[5]

4. 数据治理的合同法保护

从世界范围来看，在全球数字经济治理政策中处于领先地位的美国、欧盟、日本等均未创设企业数据财产权，且均将政策关注力投向了企业

---

[1] 截至 2022 年 4 月 11 日，在中国裁判文书网刑事案件中搜索"非法获取计算机信息系统数据罪"，已经有 1485 条记录。

[2] 参见龙卫球："再论企业数据保护的财产权化路径"，载《东方法学》2018 年第 3 期。

[3] 参见北京知识产权法院 [2016] 京 73 民终 588 号民事判决书。

[4] 参见胡凌："'非法兴起视角'：理解中国互联网演进的一个框架"，载《文化纵横》2016 年第 5 期。

[5] 参见胡凌："数字经济中的两种财产权：从要素到架构"，载《中外法学》2021 年第 6 期。

之间关于数据处理的私人合同。[1]即通过合同的方式来解决数据处理问题。比如欧盟委员会在《建立欧洲数据经济》中指出，未来将就如何在合同中约定非个人数据控制权发布指南，减轻不同成员国法规影响，为企业提供更高的法律确定性；创设默认合同规则，定义利益平衡解决方案。[2]

5. 数据治理的合理场景保护模式

除了以上这些数据治理的观点之外，丁晓东在分析总结了 2016 年欧洲议会通过的《一般数据保护条例》中隐含的人格权、隐私权两种保护路径之后提出：必须把数据权利、人格权、隐私权这些概念还原到特定的语境与社群中进行思考，一旦我们把这些概念还原到特定的语境和社群中，就会发现数据保护的核心在于使得数据与信息在具体的语境与社群中能够恰当地流动。[3]换言之，如果数据或个人在使用数据时符合消费者基于具体场景的合理预期，那么这样的数据治理就是合理使用；反之则是不合理使用，侵犯了数据主体的权利。所以在合理场景理论之下，对大数据时代的具体数据划定权利边界不仅是困难的，也是没有必要的。

（二）数据治理的赋权模式

1. 排他性赋权模式

从 2015 年开始，龙卫球等学者提出通过立法为企业确立新型财产权以此保护企业数据的思路。[4]他认为传统法律架构无法适应当前数据经济利益关系合理调整的需求。从体系上讲，应该区分个人信息和数据资产，进行两个阶段的权利建构：对于用户，应该同时配置人格权益和财产权益；

---

〔1〕　参见付新华："企业数据财产权保护论批判——从数据财产权到数据使用权"，载《东方法学》2022 年第 2 期。

〔2〕　See European Commission, Building a European data economy, 10. 1. 2017.

〔3〕　参见丁晓东："什么是数据权利？——从欧洲《一般数据保护条例》看数据隐私的保护"，载《华东政法大学学报》2018 年第 4 期。

〔4〕　参见龙卫球："数据新型财产权构建及其体系研究"，载《政法论坛》2017 年第 4 期。

对于数据经营者，则应分别配置数据经营权和数据资产权。[1]钱子瑜进一步认为数据财产权是一种新型的无体财产权，其权利人对特定数据享有直接支配和相对排他的权利。[2]

申卫星则认为数据权属不清已经成为数字经济法治的最大制度障碍。根据不同主体对数据形成的贡献来源和程度不同，应当设定数据原发者拥有数据所有权，数据处理者拥有数据用益权的二元权利结构。[3]

2. 非排他性赋权模式

另有一些学者虽然认为非赋权模式难以保护公开状态且整体上确实独创性的数据，但是认为对企业公开数据也不宜采取绝对化的财产权赋权模式，而是应该通过有限度的柔性赋权模式将数据财产权限于特定范围。[4]具体来说，可以通过设定强制许可、合理使用等制度限制其排他性。

季卫东认为，有必要在中国更鲜明地提出"数据公平使用"的立法原则，在个人基本权利保护、数字经济发展以及数据利润共享之间达成适当的平衡。[5]欧盟最新的《数据治理法案》其核心内涵就是在强调隐私权和数据安全的同时，应该更注重如何促进数据治理和保持数字经济的发展。美国 1973 年《记录、电脑与公民权的报告》就提出了"合理信息实践"原则。根据这份原则，任何收集和储存个人信息的系统都不得秘密运行；个人必须能够阻止其个人信息被用于其不同意的目的；个人必须能够纠正或修改那些能够识别他个人身份的信息。[6]

丁晓东提出根据企业不同类型数据予以保护的制度设计。对于企业非公开数据可以采取商业秘密的法律保护方式，具体包括竞争法、合同法、

---

〔1〕 参见龙卫球："数据新型财产权构建及其体系研究"，载《政法论坛》2017 年第 4 期。

〔2〕 参见钱子瑜："论数据财产权的构建"，载《法学家》2021 年第 6 期。

〔3〕 参见申卫星："论数据用益权"，载《中国社会科学》2020 年第 11 期。

〔4〕 参见高郦梅："企业公开数据的法律保护：模式选择与实现路径"，载《中国政法大学学报》2021 年第 3 期。

〔5〕 参见季卫东："数据保护权的多维视角"，载《政治与法律》2021 年第 10 期。

〔6〕 参见丁晓东："个人信息私法保护的困境与出路"，载《法学研究》2018 年第 6 期。

侵权法等法律规则来实现。对于企业半公开数据，则除了允许企业采取合同法等法律来保护外，还可以借鉴欧盟的特殊数据库保护制度。对于企业公开数据，则建议采取反不正当竞争法律来予以保护。[1]

二、共同富裕与数据治理模式的理论基础

前文讨论了学术界关于数据治理的几种法律保护模式。争论很多，结论未下。之所以会无法给出明确的结论，就是因为目前学术界关于数据治理的讨论都是基于数据中立和价值无涉的立场和观点来讨论的。比如有学者认为欧盟目前的法律规则以及美国、日本的法律规则都是不太倾向于数据进行私法保护的，因而认为中国不必然对数据采取私法保护。也有学者认为基于中国互联网发展的历史经验来看，进行数据要素的确权会阻碍数字经济的快速发展，提高数据企业的交易成本，因而主张加强对架构财产权的保护。但是不少私法学者均主张对于数据权利采取赋权模式，有利于数据权利的保障和数字经济的进一步发展。是否应该对数据权利赋权，需要先考察其理论基础是否正当。

（一）现有数据治理赋权模式的理论基础

1. 劳动价值论

这是目前数据治理赋权模式主张者最常引用的理论。该理论来源于洛克。洛克认为："劳动使不同事物具有各自的价值，某物因附加了某人（某机构或某企业）的劳动，则某物应该归属于为之付出劳动的某人（某机构或某企业）。"[2]这种理论从提出之日起，就有大量的质疑之声。有一个经典的反对案例。如果我将一盆水倒入了大海，是否我就应该成为大海的权利主体呢？具体到数据治理而言，数据企业毫无疑问投入了大量劳动和资源，而数据个人通过输入信息类似的活动，是否也应该被视为劳动，

---

〔1〕　参见丁晓东："论企业数据权益的法律保护——基于数据法律性质的分析"，载《法律科学（西北政法大学学报）》2020 年第 2 期。

〔2〕　参见［英］约翰·洛克：《政府论译注（下篇）》，杨宇冠、李立译，中国政法大学出版社 2018 年版，第 20 页。

从而成为权利的主体呢？

2. 劳动成本激励论

在洛克的劳动价值论的基础上，有学者进一步提出了劳动成本激励论。这种理论认为，以从事数据生产经营的数据企业付出劳动和资本投入为理由，赋予其一定的财产权益，从而对其劳动和投资予以回报和激励。劳动获取报酬使得数据的加工活动以及数据利用价值增值受到重视，从而激励数据企业的数据经营。[1]这种激励理论也受到了广泛的质疑。首先，过去 20 年的互联网飞速发展，并没有受到数据权利的保护，正是由于法律权利的灰色地带促使了互联网时代和大数据时代的崛起。所以，主张通过成本激励来证明数据赋权并不能够成立。其次，对数据赋权反而有可能增加数据治理的成本，造成早期数据巨头对于数据资源的垄断，增加数字经济的运行成本，从而产生巨大的负外部性。

3. 知识产权保护激励理论

这是第三种关于数据赋权的理论支撑。这种理论认为："数据属于无形物，无形财产的本质特征是权利客体的非物质性，数据符合无形财产要件，可以按照知识产权予以激励。"[2]知识产权保护激励理论也受到学者们的广泛质疑。首先，虽然数据是无形物，但是它并不具有知识产权客体所具有的创新性等基本特征。其次，对于数据集合或者数据库的保护，现有的著作权、专利权法律制度已经可以提供相关的保护。不论数据规模大小，数据权的相关保护机制与知识产权法的逻辑明显存在一定的矛盾，如果再对其赋权可能出现重复保护的问题。[3]

4. 新型财产权理论

由于以上三种数据赋权理论都受到了很多质疑，有学者提出了数据赋权的第四种理论，数据新型财产权理论。所谓数据新型财产权，是指数据

---

〔1〕 参见龙卫球："再论企业数据保护的财产权化路径"，载《东方法学》2018 年第 3 期。

〔2〕 参见王卫国："现代财产法的理论建构"，载《中国社会科学》2012 年第 1 期。

〔3〕 参见芮文彪、李国泉、杨馥宇："数据信息的知识产权保护模式探析"，载《电子知识产权》2015 年第 4 期。

的初始取得者、拥有者、管控者以及数据的开发者、利用者等，对其所持有的数据再处理、再加工而生成的新数据集享有管控、分成、交易等收益的结构性权利。[1]持有该种观点的学者认为：在数据成为社会发展和经济繁荣的核心战略资源的时代，数据企业是推动数字经济发展最为重要的因素，赋予数据企业数据新型财产权，可以激励其收集、流通、利用数据等，为社会创造财富。[2]

与前面三种理论一样，新型财产权理论也受到了一些批评。首先，数据新型财产权理论并没有脱离传统物权的保护模式，赋予数据支配性的财产绝对权可能导致权利泛化，造成社会秩序的混乱。其次，数据新型财产权理论没有深入探讨数据权利的产生机制，导致对数据权利的主体客体难以判定，无法回应现实中数据治理的问题。[3]

这四种数据赋权理论均受到不同程度的支持和反对。归纳起来，一部分学者从财产权的不断发展的角度出发，主张顺应数字经济的潮流，扩大财产权的客体范围，对数据予以财产权赋权，具体主张又分为排他性财产权和非排他性财产权。另一部分学者不支持对数据赋予财产权，主张通过现有的合同法律规则、竞争法律规则等进行事后的行为规制模式。在他们看来，互联网经济的崛起就是法律规则不清晰的产物，数字经济是互联网经济的 2.0 版本，因而是否对数据予以确权并非核心问题，关键在于为数字经济提供基础设施的架构财产权得到保护。

不管是数据确权论者，还是行为规制模式主张者，有一个共同的潜在前提，即《数据治理法案》中提出的数据中立原则。如果从数据中立的原则出发，不论是数据确权论者，还是行为规制模式主张者，都有坚持各自立场的理由，都无法说服对方。但是如果我们反思数据中立的前提，则会发现，欧盟主张的"数据中立"原则，并不一定天然正确。从 2012 年美

---

〔1〕　参见徐汉明："我国网络法治的经验与启示"，载《中国法学》2018 年第 3 期。

〔2〕　参见杨琴："数字经济时代数据流通利用的数权激励"，载《政治与法律》2021 年第 12 期。

〔3〕　参见韩旭至："数据确权的困境及破解之道"，载《东方法学》2020 年第 1 期。

国奥巴马政府出台的《消费者隐私权法案》，到 2016 年欧盟出台的《一般数据保护条例》，再到 2022 年欧盟出台的《数据治理法案》，虽然具体制度有一定的差异，但是其内在逻辑是一致的，即通过人格权和隐私权来对数据治理进行保护，而不是将其固化为传统或新型的财产权。其背后的理论原因就是，美国和欧盟在数字经济中仍然处于先发的主导地位，如果将作为核心生产要素的数据财产化，那么从拥有海量数据的亚洲获得数据的成本将十分高昂。正因如此，美国政府一直强调互联网无国界，通过这种方式淡化数字主权和数据安全问题，主张数据中立，以便于进一步巩固其在数字经济时代的霸主地位。

（二）共同富裕视野下的数据治理

1. 中国共产党人的"共同富裕理论"的历史演进

中国共产党人不断积累经验，形成了"共同富裕理论"。首先，1953 年中共中央首次提出"共同富裕"概念，随后毛泽东同志提出："在农村中消灭富农经济制度和个体经济制度，使全体农村人民共同富裕起来。我们认为只有这样，工人和农民的联盟才能获得巩固。"[1]其次，邓小平同志提出了先富带后富理论。他明确指出："一部分地区、一部分人可以先富起来，带动和帮助其他地区、其他的人，逐步达到共同富裕。"[2]再次，以江泽民同志为核心的党中央提出"效率优先、兼顾公平"的收入分配制度，巩固了共同富裕认知。复次，以胡锦涛同志为核心的党中央完善了共同富裕内涵，凸显了一种"效率与公平兼顾"的共同富裕认知。[3]党的十八大以来，以习近平同志为核心的党中央就共同富裕问题发表了系列重要论述，深化和发展了"共同富裕理论"。2021 年 8 月，习近平同志在中央财经委员会第十次会议上指出："共同富裕是社会主义的本质要求，是中国式现代化的重要特征，要坚持以人民为中心的发展思想，在高质量发展

---

〔1〕 参见《毛泽东选集》（第 5 卷），人民出版社 1977 年版，第 187 页。

〔2〕 参见《邓小平文选》（第 3 卷），人民出版社 1993 年版，第 149 页。

〔3〕 参见曹海军、梁赛："赓续百年目标：共同富裕的因由寻绎、意蕴索隐和路径构想"，载《云南社会科学》2022 年第 1 期。

中促进共同富裕。"[1]

2. 习近平总书记关于"共同富裕理论"的核心内涵

习近平总书记在 2021 年《求是》第 20 期的文章中归纳了共同富裕理论的核心内涵。习近平明确指出："共同富裕是社会主义的本质要求，是中国式现代化的重要特征。我们说的共同富裕是全体人民共同富裕，是人民群众物质生活和精神生活都富裕，不是少数人的富裕，也不是整齐划一的平均主义。"[2]这里面包括了几个核心内涵。首先，共同富裕的性质是社会主义的本质要求。社会主义的立场决定了我们必须追求共同富裕。其次，共同富裕是全体人民的共同富裕，不是少数人的富裕。再次，我们的富裕是物质生活和精神生活都富裕。因而我们的富裕是人本主义的，而不是资本主义的。这三点使我们的共同富裕观区别于资本主义的欧美国家的富裕观。最后，我们的共同富裕不是整齐划一的平均主义。我们的共同富裕不是所有人同时富裕，也不是所有地区同时达到共同富裕，而是时间上存在先后的，地区之间存在差异的共同富裕。这提示我们的共同富裕的道路是需要循序渐进的，不能一蹴而就。

习近平总书记还特别提道："新一轮科技革命和产业变革有力推动了经济发展，也对就业和收入分配带来深刻影响，包括一些负面影响，需要有效应对和解决。"[3]人工智能和大数据时代的到来，使得很多体力劳动和简单脑力劳动的工作岗位被替代，使得社会资源进一步向资本精英和技术精英集中。[4]数字经济时代的到来，数据成为重要的生产要素，而个人数据成了数字经济的最基础元素。那么这为我们扎实推进共同富裕提供了新的契机。

---

〔1〕 参见习近平："在高质量发展中促进共同富裕　统筹做好重大金融风险防范化解工作"，载《人民日报》2021 年 8 月 18 日。

〔2〕 参见习近平："扎实推动共同富裕"，载《求是》2021 年第 20 期。

〔3〕 参见习近平："扎实推动共同富裕"，载《求是》2021 年第 20 期。

〔4〕 参见张学博："人工智能的宪制想象——从历史的观点切入"，载《理论视野》2018 年第 5 期。

3. 共同富裕视野下的数据治理

共同富裕理论为我们前文所讨论的数据治理路径提供了新的理论切入点。数据赋权模式和行为规制模式之所以无法说服对方，是因为讨论隐含了一个前提：数据中立。在社会主义共同富裕和中国式现代化的立场之下，不存在数据中立的问题。欧盟和美国之所以异口同声宣称"数据中立"，正是因为其背后的资本主义立场。如果排除了资本主义和社会主义的立场，当然不为数据确权更有利于数据的流通和使用，因为这样更有利于资本创新和提高生产效率。但是当数据成为十分重要的生产要素之后，必然涉及国家主权问题。

数字经济其核心在于人类通过对大数据的处理和使用而实现资源的优化配置与生产发展。准确来说，大数据包括三个核心要素：首先是最大化计算能力和算法精度的技术；其次是利用一系列工具清理和比较数据的分析类型；最后增强了利用数据生成真实客观准确结果的信念。[1]简言之，数字经济和大数据包括算力、算法和数据三个要素。在目前中欧美大三角博弈竞争中，美国强在算力和算法，中国强在数据，欧洲强在法律规则。美国是人工智能的领头羊，并且试图通过各种规则排斥后来者。2019年2月11日，美国时任总统特朗普签署行政命令《美国人工智能倡议》，这是一项事关美国人工智能发展的重要国家级战略，旨在加强美国的国家与经济安全，确保美国在人工智能相关领域保持研发优势，其明确表示了对来自竞争国家针对关键人工智能技术的跨国收购行为的排斥。[2]

我国在2017年就发布了《新一代人工智能发展规划》，表明我国在推动人工智能领域的决心。算力和算法领域的追赶，并非短期内可以突破。而我们在数据领域的优势可以通过法律规则予以保障。在人工智能和数字经济的发展过程中，算力、数据、算法都非常重要。算力和算法固然是决

---

〔1〕 See Kate Crawford and Jason Schultz, "Big Data and Due Process: Toward a Framework to Redress Predictive Privacy Harms", *Boston College Law Review*, vol. 55, no. 1, 2014.

〔2〕 参见商汤智能产业研究院："美国人工智能战略与政策研究"，载 https://www.sohu.com/a/503311181_121124365，最后访问日期：2022年4月16日。

定人工智能和数字经济发展的关键，但是没有海量数据，巧妇难为无米之炊。正是在这一点上，中国有着欧盟、美国无法比拟的优势。更为关键的是，人工智能和数字经济的发展，使得数据和资本、技术、知识、土地等一样，成了生产要素的一种，那么就可以取得相应的分配的权利。正是在数据这个生产要素上，不论是穷人还是富人，都处于完全平等的地位。因为大数据的基础就是海量的个性化的各种场景下的数据集合，穷人在资本、技术、知识方面均处于劣势地位，但是在数据要素上却处于优势地位。基于此，为数据主体赋予权利是实现共同富裕目标的必要之举。如果不为数据主体赋予一定的财产权，那么固然可以提高数字经济和人工智能的效率，但是数据将完全成为资本和技术的附属品，社会财富的分配将越来越两极分化。所以，共同富裕理论成了数据财产赋权的理论基础。

三、共同富裕视野下数据治理的法治保障

前文论证了在中美欧大国竞争的百年未有之大变局中，共同富裕理论为数据财产赋权提供了理论支撑。但更重要的问题是应该构建何种法律规则体系来保障数据治理呢？研究欧盟、美国的数据治理相关法案，给我们的启示是：既要加强对数据主体的人格权保护和隐私权保护，又要促进数据的流通和使用。为了促进数据的流通和使用，欧盟和美国的法律规则实际上主张用人格权和隐私权来对个人的数据权利予以保护，不主张个人和数据处理者对数据拥有财产权利。《一般数据保护条例》并没有赋予数据主体以完全自由交易的权利和赋予企业等实体以数据所有者的权利。在很多规定中，该条例仍然采取了基本权利的进路，赋予数据以某些不可转让的特征。[1]如果采取欧盟对于数据治理的法律方案，那么个人和企业均无法获得对数据的财产权利，只能通过合同法、商业秘密保护、竞争法等获

---

〔1〕　参见丁晓东："什么是数据权利？——从欧洲《一般数据保护条例》看数据隐私的保护"，载《华东政法大学学报》2018 年第 4 期。

得相关财产权益的保护。中国要在数字经济的国际竞争中掌握主动，而且抓住契机推动共同富裕，对数据予以财产权赋权是一条好的路径。知识产权的法律实践也说明财产权保护与权利客体的合理使用并不矛盾，国内外司法实践也表明对于数据权利的保护并非非此即彼，可以运用多种法律规则，私法与公法相结合来操作。综合国内外数据治理法案实践以及中国学术界关于数据治理的法律规则体系的研究，可以考虑从主体角度、法律实施阶段来构建数据治理的法治保障体系。

（一）政府、企业、个人三位一体的数据权利体系

《数据安全法》第 7 条规定："国家保护个人、组织与数据有关的权益，鼓励数据依法合理有效利用，保障数据依法有序自由流动，促进以数据为关键要素的数字经济发展。"[1]《个人信息保护权法》第四章详细规定了个人信息权利，即知情同意权、可携带权、最终决定权等。[2]但这两部法律都没有对个人信息的所有权、收益权等明确规定。《深圳经济特区数据条例》第 1 条规定，"为了规范数据处理活动，……促进数据作为生产要素开放流动和开发利用，加快建设数字经济、数字社会、数字政府"，将"数据权益"分别归属于三个不同维度的主体，即政府机关、企业、个人。[3]

1. 政府数据权利体系

《数据安全法》第五章第 41 条明确规定："国家机关应当遵循公正、公平、便民的原则，按照规定及时、准确地公开政务数据。依法不予公开的除外。"政府数据开放制度将政府信息视为公共信息资源，旨在开发政府数据的社会价值、经济价值与公共价值。我国的很多省市自 2012 年先后加入了"开放数据行动计划"。此时的数据开放已经超越了信息公开，具有了鲜明的"经济利益"导向，旨在通过开放政府数据激励社会创新，让

---

〔1〕 参见 2021 年 6 月通过的《数据安全法》。

〔2〕 参见 2021 年 8 月通过的《个人信息保护法》。

〔3〕 参见 2022 年 1 月 1 日正式实施的《深圳经济特区数据条例》。

公众从数据中获益，促进整体经济的增长。[1]问题在于《数据安全法》对于政府数据的权利主体、权利体系、权益分配制度均没有进行规定。

在数据市场的基础设施建设中，应该综合考虑政府数据的属性、特点、数量、质量、格式、重要性、敏感程度等因素，对公共信息资源进行分类分级，梳理出非敏感、低风险等级、权属相对明确的数据资源，以生产要素形式优先进入数据交易市场。[2]

政府数据融合利用后各方收益的分配比例如何？目前的理论主张应该按照市场参与主体的贡献比，包括投入的成本（如人力、物力、市场运营、技术研发等）与产生的价值。在信息安全与权利保障方面，应秉持"谁收集、谁开发、谁收益、谁保护、谁负责"的数据安保原则。[3]但是政府数据的使用收益中，政府作为人民的代表，可以考虑作为股东获得一定的收益并用于普通民众的民生用途。

2. 企业数据权利体系

企业投入数据经济的意愿和努力，最终取决于企业数据能否得到充分、合理和有效的法律保护。它形式上采取私权形式，但与传统民法上的物权不同，需要兼顾多种功能、多种利益协同，因而需要呈现一种具有极强外部协同性的复杂财产权设计。[4]不论是参考欧盟《数据治理法案》的核心内容，还是从推进中国数字经济实践出发，保护企业数据权益应当以促进数据共享为目标，企业数据的合理保护应当有利于促进数据共享。应该根据具体的场景来进行类型化保护。[5]

---

[1]　参见李海敏："我国政府数据的法律属性与开放之道"，载《行政法学研究》2020年第6期。

[2]　参见陈洸、刘明辉："强化数据分类分级安全管理，推进完善数据要素市场化配置"，载 http://www.cww.net.cn/article? id=469224，最后访问日期：2022年4月18日。

[3]　参见商希雪："政府数据开放中数据收益权制度的建构"，载《华东政法大学学报》2021年第4期。

[4]　参见龙卫球："再论企业数据保护的财产权化路径"，载《东方法学》2018年第3期。

[5]　参见丁晓东："论企业数据权益的法律保护——基于数据法律性质的分析"，载《法律科学（西北政法大学学报）》2020年第2期。

数据财产权，或者数据资产权，其私益结构，体现为企业对其数据在特定范围内享有占有、使用、收益和处分的权利。可以参考知识产权的保护方式，予以一定的期限限制。比如 10 年。[1]基于促进数据共享的考虑，对数据财产权应该设计出限制结构。

首先，避免数据垄断规则。以《反垄断法》为基础，构建周密且有针对性的数据反垄断规则，避免数据巨头利用数据财产权来阻碍数字经济的发展。其次，建立数据强制公开制度、数据强制许可制度和数据合理使用制度。比如当数据企业基于数据治理获得了与自然灾害、重大疫情、恐怖袭击等危及国家安全、社会稳定相关的预测、结论、观点时候，应该明确数据企业有主动向国家机构及时公开其研究结果的义务。[2]最后，除了构建以上制度之外，对于涉及数据安全的内容，还应进行数据治理的具体限制。比如涉及数据跨境转移的问题，必须严格按照相关法律规则来进行。

3. 个人数据权利体系

个人数据权利体系构建的首要问题是个人数据的人格权保护制度。一般而言，可以根据数据性质划分为敏感数据和非敏感数据，敏感数据不同于匿名数据等去标识化数据，也区别于一些与人身相关但不够私密、敏感的数据，比如姓名、性别、民族、种族、宗教信仰等。[3]参考欧盟《一般数据保护条例》的权利配置以及国内学术界的研究，可以赋予个人数据知情同意权、修改权、被遗忘权。通常而言，对于敏感信息的保护要比非敏感信息更加严格。

个人数据权利体系中比较有争论的是个人数据的财产权保护制度。少数学者不赞同赋予个人数据财产权利，认为个人数据本身并没有财产价值，只有基于海量数据的大数据和数据企业的数据处理才具有财产权意义。基于共同富裕理论和生产要素理论，大多数学者也认同个人数据财产

---

〔1〕 参见龙卫球："再论企业数据保护的财产权化路径"，载《东方法学》2018 年第 3 期。

〔2〕 参见龙卫球："再论企业数据保护的财产权化路径"，载《东方法学》2018 年第 3 期。

〔3〕 参见于浩："我国个人数据的法律规制——域外经验及其借鉴"，载《法商研究》2020 年第 6 期。

权可以证成，只是在内涵上有一定区别。比如肖冬梅等学者认为个人数据财产权包括数据采集权、可携带权、使用权和收益权。[1] 张黎等人则认为数据财产权包括数据控制权、数据使用权、数据收益权和数据处分权。[2] 主要的争议在于是否应该引入数据可携带权。欧盟《一般数据保护条例》中规定了此条个人数据权利，但在实践中给数据企业带来很大的运行成本。2021 年通过的《个人信息保护法》明确规定了个人数据可携带权，表明我国政府对于个人数据严格保护的态度。正是基于个人数据的收益权，未来的数字经济分配制度中，个人可依据个人数据收益权取得一定的收益。

（二）私法、公法治理相互配合的数据法治保障体系

前文对数据权利体系进行了制度构建，但数据治理的法治保障不仅是法律权利体系的构建，更要依靠公法视角的法律治理。数据产权制度本质上体现为一种社会关系，是调节人与人之间涉及数据相关利益关系的根本制度。[3] 就数据保护的域外经验来看，无论是欧盟还是美国均把个人数据保护完全归属为私法领域。一方面，欧盟美国倾向于将数据权利的保护趋向靠拢至基本权利模式乃至人权话语；另一方面，在私主体侵犯个人数据的领域，欧盟美国对个人数据的治理均带有明显的消费者法保护或公法规制的特征。[4] 不少学者都意识到，单一的私法规制模式难以满足现实数字经济发展的需要。人工智能和大数据的发展日新月异，想要通过私法赋权完全预先构建一整套权利体系来保护数字经济的发展，不太符合实际需求。因而，将私法赋权模式和行为规制模式相结合是较为符合我国现实的

---

〔1〕　参见肖冬梅、文禹衡："数据权谱系论纲"，载《湘潭大学学报（哲学社会科学版）》2015 年第 6 期。

〔2〕　参见张黎："大数据视角下数据权的体系建构研究"，载《图书馆》2020 年第 4 期。

〔3〕　参见童楠楠、窦悦、刘钊因："中国特色数据要素产权制度体系构建研究"，载《电子政务》2022 年第 2 期。

〔4〕　参见于浩："我国个人数据的法律规制——域外经验及其借鉴"，载《法商研究》2020 年第 6 期。

数据治理模式。[1]

1. 建立数据风险评估与风险预防制度

在公民个体不足以对信息风险进行客观和有效判断的情况下，国家有责任为公民提供信息安全这一公共产品。例如，针对收集、处理个人敏感信息的机构，应该比照网络安全法的规定，要求企业采取严格的安全保护义务。[2]

2. 完善消费者法保护制度

《个人信息保护法》第44条到第50条规定了个人在个人信息处理活动中的权利，比如请求查阅权、复制权、请求更正权、删除权等。[3]各级消费者权益保护委员会可以针对企业在个人信息保护方面的一些不当行为提起公益诉讼，检察机关也可对此开展公益诉讼的探索。各类公益组织和政府机构可以成为消费者集体的代言人，对个人信息保护进行有效监督。[4]

3. 竞争法保护路径

从司法实践角度来看，对于数字经济中大型平台企业滥用市场支配地位等行为，可以通过竞争法的适用来纠正解决。2015年大众点评诉百度地图案、2016年新浪微博诉脉脉案、2018年淘宝诉美景公司案，法院均依据《反不正当竞争法》第2条"经营者的合法权益"来裁判。[5]

4. 数字市场及基础设施制度的完善

数字交易所尤其有助于我们对数字基础设施的认识，其思路是不断通过加强政府的数字化建设推动和强化私人基础设施的公共性，并在条件成熟时强化互联互通，而不是简单地通过反垄断进行威慑。[6]数据交易所可

---

〔1〕 参见宁立志、傅显扬："论数据的法律规制模式选择"，载《知识产权》2019年第12期。

〔2〕 参见丁晓东："个人信息私法保护的困境与出路"，载《法学研究》2018年第6期。

〔3〕 参见《个人信息保护法》第四章。

〔4〕 丁晓东："个人信息私法保护的困境与出路"，载《法学研究》2018年第6期。

〔5〕 参见付新华："企业数据财产权保护论批判——从数据财产权到数据使用权"，载《东方法学》2022年第2期。

〔6〕 参见胡凌："数据要素财产权的形成：从法律结构到市场结构"，载《东方法学》2022年第2期。

以探讨形成多层次多样态的数据交易和交换服务空间。通过数据交易所等数字基础设施可以将不同市场链接起来,帮助传统生产要素转换为新型数字要素,并以加强其流动性的方式为其赋能。[1]

---

[1] 参见胡凌:"数字经济中的两种财产权从要素到架构",载《中外法学》2021年第6期。

第二章
中国农村土地制度的历史观察：1949~2016 年

　　土地制度作为一项制度，并非单纯的经济制度，而是决定整个社会结构的宪制安排。当前主流学术界对于中国农村土地制度的制度设计是沿着确权和自由流转的路径进行的。单纯的经济学视角，把土地制度视为一个单纯的经济要素，忽视土地制度本身具有的中国城市化蓄水池和稳定器的作用，不仅违反了当前的土地宪制安排，而且可能给正在进行的中国特色城市化建设带来戛然而止的风险。基于这种国情和党的历史经验，当代中国农村土地制度的改革应在稳定现有土地制度基础上，摒弃私有制的倾向，赋予相同文化传统的区域政府合作的政策灵活度，加强社会主义新农村建设，扶持农村文化传承，统筹稳步推进城乡一体化。

一、问题的提出

　　关于中国农村土地制度的未来走向，目前学术界的讨论似乎被经济学家所主导。经济学家内部又分为主流和非主流两种。一种以周其仁为代表；另一种以华生为代表。周其仁认为："现行土地管制与征地制度，引发无数社会冲突、权力腐败、利益输送和资源错配，再不主动改革，怕要面临系统性崩溃的危险境地。"[1]周其仁的观点主要是通过对农村土地的确权，试图让农村的宅基地流转起来，将农村的宅基地变成资源，使得农

---

　　〔1〕 周其仁："给农民更多的土地权利，真会损害农民的利益吗？"，载《经济观察报》2011年7月22日。

村的财产性收入迅速增大。极力倡导成都经验在全国的推广。[1]而华生的观点，虽然并非经济学界主流观点，但对目前的土地财政进行了强烈批判，并由此对现行的土地秩序进行了批判，并认为只有改革现行农村土地制度，才能保持中国经济社会的进一步发展。两者虽然观点大不相同，但有一点却存在共识，即现行的土地制度需要进行变革。[2]法学界对于中国农村土地制度的探讨，仅仅局限于对"所有权、承包权、经营权"的规范性研究，缺乏更深入的制度性探讨。[3]但法学界对于承包经营权的研究，局限于从民法的权利视角，主要是规范意义上法律权利义务关系探讨，即属于法教义学的研究内容，对于法律自洽固然有其研究价值，但缺乏更加宏大的视野，没有从整个中国农村土地制度的视角来思考这个大问题，即从中国巨大的社会转型视野来看待涉及中国人口主体的基本的宪制问题。除了以上三种观点之外，还有一种观点独辟蹊径，提出了对中国农村土地制度的正面观点，即认为现行的农村土地制度是合理的，而且正是这项中国特色的土地制度使得中国改革开放以来30多年的城镇化建设取得了惊人的成就，在中国的城镇化完成之前（未来20年），现行的农村土地制度是合理的，尽管还需要进一步完善。这种观点被称为"山药蛋派"，以贺雪峰、赵燕青为代表。贺雪峰以成都经验为样本，得出相反的结论："成都城乡统筹经验的本质是政府通过土地财政主导经济高速发展和城市快速扩张……从而形成巨大的经济总量，进而为顺利完成城市化的历史性使命提供了可能。"[4]

---

〔1〕 周其仁的主要观点集中表达在《还权赋能——成都土地制度改革探索的调查研究》（发表于《国际经济评论》2010 年第 2 期）一文中。

〔2〕 参见华生："消灭土地财政"，载《上海证券报》2012 年 7 月 19 日。

〔3〕 法学界关于"三权分置"的代表性论文参见朱继胜："论'三权分置'下的土地承包权"（《河北法学》2016 年第 3 期）；李国强："论农地流转中'三权分置'的法律关系"[《法律科学（西北政法大学学报）》2015 年第 6 期]；高富平："农村土地承包经营权流转与农村集体经济的转型——新一轮农村土地制度改革的法律思考"[《上海大学学报（社会科学版）》2012 年第 4 期]等。

〔4〕 贺雪峰："破除'还权赋能'的迷信———以《还权赋能———成都土地制度改革探索的调查研究》的主要观点与周其仁教授商榷"，载《南京师大学报（社会科学版）》2013 年第 4 期。

不仅如此，他进一步认为现行土地制度不仅相当合理，甚至极其精巧。"现行土地制度安排为中国提供了不同于其他发展中国家的经济剩余分配方式，从而使中国可以在目前'中国制造'基础上从容发展战略产业，实现产业升级，实现从'中国制造'向'中国创造'的伟大转变。"[1]

整体来看，学术界存在两种观点：一种以周其仁和华生为代表，否认现行土地制度的合理性，要求对现行农村土地制度进行重大变革；另一种以贺雪峰和赵燕青为代表，对现行农村土地制度持肯定性意见，并对由此而生的土地财政持基本上正面的意见。2014年11月，中央出台了《关于引导农村土地经营权有序流转发展农业适度规模经营的意见》。这个《意见》的核心内容是提出了所有权、承包权、经营权"三权分置"的思想，鼓励农村土地流转，鼓励土地适度规模经营。中央的意见在土地确权上采纳了周其仁为代表的主流经济学家的观点，但在农村土地用途方面仍然坚持管制的特点，只能用于农业，而非主流经济学家所主张的将农村建设用地直接转换为城市建设用地，让农民直接在市场上进行建设用地交易。而且意见明确提出：首先是维护好农村集体土地所有权，其次是保护好农民的承包权，然后才是搞活农民的经营权。[2]十八届三中全会决定提出："符合规划和用途管制前提下，允许农村集体经营性建设用地出让、租赁、入股，实行与国有土地同等入市、同权同价。"[3]需要注意的是十八届三中全会决定强调的是农村集体经营性建设用地，具体主要是指过去乡镇企业村办企业所产生的遗留建设用地，并非农民的宅基地。所以在学术界所鼓吹的宅基地流转问题上，目前仍然处于学术探讨阶段。正因如此，对于

---

〔1〕 详细论证参见贺雪峰：《地权的逻辑Ⅱ：地权变革的真相与谬误》，东方出版社2013年版，第3页。

〔2〕 详细参见高云才："三权分置，农村土地制度改革重大创新——农业部部长韩长赋解读《关于引导农村土地经营权有序流转发展农业适度规模经营的意见》"，载《农村·农业·农民（A版）》2014年第11期。

〔3〕 参见2013年11月12日中国共产党第十八届中央委员会第三次全体会议通过的《中共中央关于全面深化改革若干重大问题的决定》。

中国农村土地制度改革，需要从更宽阔的历史视野，在国情基础上对中国农村土地制度的未来给出明确的答案。

二、中国农村土地制度的历史变迁（1949~2016 年）

回答今天的问题，尤其是中国农村土地制度的基本制度问题，需要回顾历史。由于篇幅所限，本章只是截取新中国成立之后的时间维度，对中国农村制度的变迁予以分析。

（一）农民所有权阶段（1949~1955 年）

1949 年《中国人民政治协商会议共同纲领》规定了农村耕地的基本制度，即"有步骤地将封建半封建的土地所有制改变为农民的土地所有制"，"凡已实行土地改革的地区，必须保护农民已得土地的所有权"。1950 年 6 月 28 日颁布的《土地改革法》第 30 条规定："土地改革完成后，由人民政府发给土地所有证，并承认一切土地所有者自由经营、买卖及出租其土地的权利。……"[1]1954 年《宪法》进一步捍卫了农民的土地所有权。这段时间的中国农村土地制度实际上是中国共产党在夺取全国政权之后履行了之前对农民的承诺。即孙中山所提出的"平均地权"的思想在国民党手中没有实现，但在共产党的手中实现了。经历了资产阶级革命和新民主主义革命，中国共产党人推翻了 2000 多年的封建地主所有制，实现了农民土地所有制。随着新民主主义革命的完成，这个农民所有权制度很快作为过渡形式消失了。

（二）农村集体所有、集体经营阶段（1955 年~20 世纪 80 年代中期）

从 1949 年到 1957 年之间，中国农村先后开展了互助组、初级社和高级社运动。在 1949 年至 1955 年之间的互助组和初级社时期，中国农村土地还属于农民私有，但从 1955 年之后的高级社时期开始，农民的土地私有

---

[1]　参见 1949 年《中国人民政治协商会议共同纲领》和 1950 年《土地改革法》。更早的可以追溯到毛泽东在 1928 年主持制定的《井冈山土地法》。1947 年《中国土地法大纲》进一步明确了中国共产党关于土地农民私有的主张。

权被农村集体所有权所取代了。而从 1958 年的人民公社化运动则使得农村土地制度进一步变成了集体所有、集体经营的体制。[1]《农村人民公社工作条例（修正草案）》规定"生产队范围内的土地，都归生产队所有""生产队所有的土地，包括社员的自留地、自留山、宅基地等等，一律不准出租和买卖"。宅基地禁止流转，但同时规定，房屋归农民私有，可自由买卖和出租。房屋和宅基地实行两种制度就此确立，并且在 1982 年《宪法》（现行）中得到了继承和确认。

（三）农村土地集体所有、家庭联产承包责任制（20 世纪 80 年代中期至今）

到 20 世纪 80 年代中期，"集体土地、家庭承包经营"这一制度已经在全国范围推广普及。1987 年，全国有 1.8 亿农户实行了这种制度，占全国农户总数的 98%。[2] 这就是大包干制度在全国的推广。也就是继续坚持土地集体所有的同时，赋予农村家庭承包经营权。1988 年《宪法修正案》规定：任何组织或者个人不得侵占、买卖、出租或者以其他形式非法转让土地。土地的使用权可以依照法律的规定转让。1988 年《土地管理法》第 2 条规定：国有土地和集体所有的土地的使用权可以依法转让；国家依法实行国有土地有偿使用制度。1993 年《宪法修正案》规定："农村中的家庭联产承包为主的责任制和生产、供销、信用、消费等各种形式的合作经济，是社会主义劳动群众集体所有制经济。参加农村集体经济组织的劳动者，有权在法律规定的范围内经营自留地、自留山、家庭副业和饲养自留畜。"这次《宪法修正案》从宪法上明确了家庭联产承包责任制的合法性。1998 年《土地管理法》规定：国家依法实行国有土地有偿使用制度。除兴办乡镇企业、农民建房和乡村公共公益事业用地外，其他任何单位和个人，必须使用国有建设用地，农民集体所有的土地使用权，不得出让、转

---

〔1〕 张旭东："建党以来中国农村土地制度的演变及启示"，载《生产力研究》2013 年第 12 期。

〔2〕 张旭东："建党以来中国农村土地制度的演变及启示"，载《生产力研究》2013 年第 12 期。

让或出租用于非农业建设。2004 年《宪法修正案》进一步完善了土地征收征用制度，规定："国家为了公共利益的需要，可以依照法律规定对土地实行征收或者征用并给予补偿。"2004 年《土地管理法（修正案）》根据《宪法修正案》进一步确认了此内容。

至此，中国现行的农村土地制度完全成型。其核心内容包括土地集体所有制和家庭联产承包责任制，土地用途管制即农村土地不能直接进入二级市场，严格耕地保护制度（占用耕地复垦补偿制度）。如果从 1949 年中国共产党建国起算，中国共产党用了 55 年的时间才初步探索出了一条符合现实国情的农村土地制度。先后经历了农民土地所有制，农村集体所有、集体经营制，农村集体所有家庭联产承包责任制三种形式。如果从更大的历史视野来看，中国历史就是一个土地公有制和土地私有制不断混合交替的历史。中国共产党（包括之前的中国国民党）数十年革命的主要目的就是打破统治中国几千年的土地地主所有制，实现耕者有其田。这个土地制度可以说是整个中国特色社会主义制度的基石性制度，刚刚确立十年左右，就要轻言放弃，即便有再充足的理由，也需十分谨慎。变法没有十倍之利，不可轻言废立。

三、中国农村土地制度的宪制分析

中国的社会转型，仍然处于 1840 年以来的"数千年未有之大变局"现代化洪流之中。而现代化的核心是市场经济和城市化。从 1949 年中华人民共和国成立到今天，毫不夸张地说，农村土地制度为中国的现代化起到了基石性作用。在改革开放之前的 30 年，中国农村的土地集体所有集体经营制度，为中国的工业化立下了汗马功劳。而改革开放之后的 30 多年里，中国农村的土地集体所有和土地征用制度则再次发挥了极其重要的作用，使中国的城镇化建设取得飞速发展，中国的城市基础设施不仅远远优于发展中国家，即便与很多发达国家相比，也一点都不逊色。

（一）从农民所有制到集体所有集体经营制（1955 年~20 世纪 80
年代中期）

在改革开放之前，中国实行高度的中央计划经济体制，但土地并没有
实行完全的土地国有制，而是按照城市和农村进行了二元区分。1958 年的
两部法律《农业税条例》[1]和《户口登记条例》[2]确立了中华人民共和
国成立后影响最为深远的体制——城乡二元体制。实际上，之所以选择城
乡二元体制完全是客观国情所导致。1954 年的新中国第一部宪法本来规定
了公民有迁徙自由的权利。[3]但是在操作中很快发现国家的财政能力无法
满足全体公民人人平等福利的要求。其实质是整个中国当时还是一个以农
民为主体的农业国，城市在社会中只占十分小的比重。这也是国民党为什
么会输给共产党的真正原因。因为两者的群众基础不同，国民党的主要政
权基础是城市资本家，而共产党的政权基础是工人和农民，甚至主要是占
中国绝大多数的农民。所以，中国共产党没有选择土地国有制，而采取农
民集体所有制，是一个十分高明的选择。采取农民集体所有制，既避免了
农民一盘散沙的局面，同时又没有把土地收归国有，使得农民有很高的积
极性。同时通过合作社的形式，逐步用组织的方式将农产品由国家来统筹
经营，系统地来支援国家的工业化建设。苏联采取的集体农庄正是因为采
取过激手段，将全部土地收归国有，并且过度牺牲了农业和农民的利益，
偏重发展重工业，使得国民经济长期失衡，最终产生了严重的后果。而毛
泽东同志在中华人民共和国成立之后很快就发现了这个问题，他指出：
"我们现在发展重工业可以有两种办法，一种是少发展一些农业轻工业，
一种是多发展一些农业轻工业。从长远来看，后一种办法会使得重工业的
发展基础更加稳固。"[4]

---

〔1〕 参见《农业税条例》，1958 年 6 月 3 日第一届全国人民代表大会常务委员会第 96 次会
议通过，2005 年 12 月 29 日的全国人大十届第十九次会议决定自 2006 年 1 月 1 日起废止。
〔2〕 参见 1958 年《户口登记条例》。
〔3〕 参见 1954 年《宪法》第 90 条。
〔4〕 毛泽东："论十大关系"，载《毛泽东选集》（第 5 卷），人民出版社 1977 年版，269 页。

把土地所有权留给农民集体，同时采取集体经营制度，在新中国成立初期，对于发展工业是有很大帮助的。但是随着人民公社化运动的展开，这种制度过于集中，使得其弊端逐步显现出来，即大锅饭的缺陷普遍出现。这才有了后来的小岗村进行大包干，并且逐步在全国推开的制度改变。

（二）现行土地制度的核心安排

经过了 30 多年的探索，中国逐步形成了现行的土地制度。其核心安排表现为以下四个方面。这四个方面安排对于中国的现代化建设起到了基石性作用。

1. 土地集体所有基础上的家庭联产承包责任制

农村土地的集体所有对于中国来说，是一个基石性制度安排。旧中国之所以在近代被西方国家打败，一个根本性的原因就是民众一盘散沙，社会没有被组织起来，现代意义的民族国家没有形成。这个问题，国民党试图通过保甲制度来解决，但是失败了。最终中国共产党解决了中华民族一盘散沙的问题。解决的关键因素有两个：一个通过古田会议支部建在连上，通过党指挥枪解决了军队的现代化问题；另外一个就是通过土地革命，通过民众的组织，如农会和后来的村党支部把农民组织了起来。而村集体能够把农民组织起来的一个经济基础就是土地集体所有。这是一个非常精巧的制度安排。如同中国古代社会通过井田制把村落组织起来一样，中国共产党也运用土地制度把一盘散沙的农民组织了起来。但是如果土地收归国有，那么农民则会丧失了存在感，无法被有效地凝聚在一起。如果土地所有权分给农民个人，则农民又会回到传统的自耕农时代，又将陷入一盘散沙的境地，无法被制度性地塑造在一起。所以采用土地集体所有既能符合中国人的中庸之道，又能起到把农民比较有效地组织起来的效果，共同为中国的现代化建设贡献自身的力量。

除了土地集体所有之外，家庭联产承包责任制也是一个非常重要的基础性制度。家庭联产承包责任制意味着土地的承包经营权是以家庭而非个人为单位来拥有土地的承包经营权。家庭联产承包责任制则能够起到"齐家"的功能。古代中国社会通过父慈子孝以及男女有别等制度设计来实行儒家"齐家"[1]的目的，而中国共产党则运用家庭联产承包责任制变相实现了这种功能。在今天这样一个思想大变革时代，这是一个真正"寻常看不见，偶尔露峥嵘"的基础性制度安排。

2. 土地征收制度

1982年《宪法》和1986年《土地管理法》规定了土地征用制度。但对征用的性质和是否需要补偿都没有明确规定。2004年《宪法》第10条规定："国家为了公共利益的需要，可以依照法律规定对土地实行征收或者征用并给予补偿。"2004年《宪法修正案》实际上确立了中国的土地征收和征用制度。2004年《宪法修正案》确立的土地征收征用制度包括几个方面的内容。首先是公共利益的前提。土地的征收和征用以公共利益为前提。但对于公共利益并不能作狭义之解释。因为中国正处于现代化的关键时期，现代化的一个核心表现形式就是城市化。而城市化必然要增加城市建设用地，必然面临着向城市郊区不断扩充的现实国情。城市化的平面推进则必然要征收农村集体土地。其次，区分了征收和征用。其中征用为临时性使用，不得超过2年。征收则为永久性地使用。[2]再次，土地征收和征用带有强制性。中国的农村土地征收和征用，出于公共利益需要，国家可以强制征收和征用。这个制度的前提是土地公有制，即城市的土地所有权本身属于国家，而集体的土地所有权本身属于农村集体，并非属于农民个人。农民家庭只拥有承包经营权。正是在此基础上，国家才可以为了公共利益的需要，包括城市化的原因，进行强制性的土地征收和征用。如果是在以土地私有制为前提的国家，则不可能实现强制性的土地征收制度。比如，日本、美国、印度等国家都实行土地私有制，[3]所以这些国家的老

---

[1] 详细论证可以参见苏力："齐家：父慈子孝与长幼有序"，载《法制与社会发展》2016年第2期；苏力："齐家：男女有别"，载《政法论坛》2016年第4期。

[2] 参见《土地管理法》（2004年）。

[3] 参见陈卫、何如海、王超："农村土地制度改革的国际比较"，载《世界农业》2014年第3期。

城区改造就面临十分巨大的成本，甚至不能进行下去。基于土地的不可移动性，一旦出现钉子户，则城市的基础设施建设就面临无法推进的现实。最后，中国农村土地的征收和征用实行补偿而非赔偿制度。这是一个非常重要的制度。由于中国的农村土地的所有权在集体，土地是公共财产权，农民仅拥有土地的承包经营权，所以对农村土地的征收和征用，是进行补偿而非赔偿。这种补偿意味着是弥补其损失（当然既包括现实损失，也包括可预期的未来损失），但是并非惩罚性赔偿。[1]政府征收征用土地，基于公共利益考虑，显然并非一种过错行为，不能按照惩罚性的高额赔偿的标准来考量。当然，按照补偿原则，也要遵循合理性标准，不仅是考量失地农民的现实和未来的经济损失，也要考量其生活方式改变和心理预期社会关系等因素。[2]不能认为政府按照补偿性标准对农村集体土地征收是对农民的剥削。无论如何，目前现实征地中"钉子户"以土地所有权人姿态所要求的天价补偿是不合理的，也是对绝大多数永远没有征地拆迁机会的农民的极大不公平。

3. 耕地严格保护制度

1998年《土地管理法》第3条规定："十分珍惜、合理利用土地和切实保护耕地是我国的基本国策。……"第31条第2款进一步规定："国家实行占用耕地补偿制度。非农业建设经批准占用耕地的，按照'占多少，垦多少'的原则，由占用耕地的单位负责开垦与所占用耕地的数量和质量相当的耕地；没有条件开垦或者开垦的耕地不符合要求的，应当按照省、自治区、直辖市的规定缴纳耕地开垦费，专款用于开垦新的耕地。"正是在这个制度前提之下，2005年国土资源部出台了"城乡建设用地增减挂钩制度"。[3]这项制度设计的主要含义就是：农村的非农建设用地，主要是

---

〔1〕　按照一般的法学理论，一般民事责任是按照恢复本来面貌为原则，即补偿为原则，而只有在行政责任、经济法责任中，比如消费者欺诈等，才出现惩罚性的高额赔偿。

〔2〕　参见贺雪峰：《地权的逻辑Ⅱ：地权变革的真相与谬误》，东方出版社2013年版，第41页。

〔3〕　参见2004年国务院《关于深化改革严格土地管理的决定》（国发28号）和《关于规范城镇建设用地增加与农村建设用地减少相挂钩试点工作的意见》（国土资法〔2005〕207号）。

农民的宅基地和乡镇企业建设用地，如果进行复垦，就可以与城镇建设用地使用指标挂钩，从而保证国家整个的耕地面积不减少，实现严格的耕地保护目标。正是因为有这个增减挂钩政策，所谓的成都统筹城乡实验才可能获得主流经济学家的高度肯定，并在全国产生强烈反响。但是城乡建设用地增减挂钩制度本身的目的是进行最严格的耕地保护，之所以能够使得不少城市积极去购买远郊农村的建设用地指标，本身依赖于全国的土地用途管制制度，所以这项城乡建设用地增减挂钩制度只能在部分比较发达的城市才有操作的空间，不可能向全国推广。正是因为成都经济发展快，城市土地价格高，而且土地建设用地指标受到中央政府的管制，才存在向偏远农村购买建设用地指标的需求。而购买这些建设用地指标的成本至少是10余万元一亩。如果地方政府没有财政力量支撑，则没有动力去购买这些建设用地指标。只有那些经济发展快速，土地市场火爆的地方政府才有足够的财力和激励去购买农村建设用地指标。从根本上讲，成都土改的政策前提是中央政府的土地用途管制。

4. 土地用途管制制度

中国农村土地制度的核心是用途管制制度。《土地管理法》（2004 年）第 4 条第 1、2 款规定："国家实行土地用途管制制度。国家编制土地利用总体规划，规定土地用途，将土地分为农用地、建设用地和未利用地。严格限制农用地转为建设用地，控制建设用地总量，对耕地实行特殊保护。"首先是严格保护耕地，前面已经探讨。其次，农村建设用地与城市建设用地严格分开，不得随意变更。农村建设用地不得直接入市。[1]由政府垄断一级市场。所有城市建设用地必须从政府手中进行买卖。这是中国特色土地制度的核心内容。1998 年《土地管理法》第 43 条第 1 款规定："任何单位和个人进行建设，需要使用土地的，必须依法申请使用国有土地；但

---

〔1〕 目前的唯一的政策缺口是针对农村经营性建设用地的直接入市试点。但目前来看，这些试点进展并不顺利。因为之所以农村建设用地之前受到青睐，原因在于政府的政策管制。一旦政策放宽，大量的农村建设用地入市，反而会供不应求，遭到冷遇。参见李果："成都多方向探索农村'土改'集体建设用地入市进程暂阻"，载《21 世纪经济报道》2016 年 3 月 24 日。

是，兴办乡镇企业和村民建设住宅经依法批准使用本集体经济组织农民集体所有的土地的，或者乡（镇）村公共设施和公益事业建设经依法批准使用农民集体所有的土地的除外。"第 44 条第 1 款规定："建设占用土地，涉及农用地转为建设用地的，应当办理农用地转用审批手续。"这意味着除了乡镇企业用地外，所有建设用地只能使用国有土地，农用地必须经过审批转换为城市建设用地才能作为城市建设用地进入市场。这实际意味着农村集体土地处于政府的严格管制之中，并不能直接在土地市场中进行流通。深究下去，中国的农村土地制度并未把农村集体土地视为自由市场经济中的商品，而是受到宪法法律严格管制的生产资料。正是中国的农村土地属于集体所有，并非农民私人所有，才可能实施这种土地用途管制。土地的用途管制即人为制造的城市建设用地稀缺。经济学常识告诉我们，稀缺会造成商品的价格高涨。所以土地价格高涨本质上是政府管制的产物。土地财政正是土地用途管制前提下的产物，通过土地用途管制使得土地使用权稀缺，并以此为抵押，向银行融资，获得资本后进行城镇化建设，房地产商获得了盈利。而政府通过一级土地市场低价向农民征收土地，在二级市场上高价卖给土地开发商，获得的土地级差收益，正好可以用来进行城市基础设施建设。

总之，以上土地集体所有家庭联产承包、土地强制征收制度、耕地严格保护制度、土地用途管制制度四个方面的内容共同构成了当代中国土地的宪制安排。这样一种精巧的制度设计，极其富有中国特色，是中国共产党带领人民群众在新中国成立后 60 年的时间才探索出来的。这项伟大的制度安排，是人民群众不断实践探索的产物，更是中国共产党人不断总结人民群众经验并精心设计的产物。在中国现代化建设中，已经发挥了十分重要的作用，至少在中国的城市化建设完成之前，不能放弃。

四、中国农村土地制度是中国城市化的基石

中国农村土地制度在过去的 30 多年里，不仅让中国在高度贫困的基础

上取得了令全世界惊叹的城镇化建设，基础设施大踏步发展，实行了弯道超车，而且没有造成发达国家普遍存在的贫民窟现象。

（一）当代中国农村土地制度推动了中国城市化

中国的城市化伴随着市场经济的发展不断推开。而城市化的前提就是不断增加的城市建设用地和基础设施建设。中国的城市化建设之所以能够快速推进，一个重要原因就是基于当前的中国农村土地制度安排。按照中国的宪法和法律，集体所有农地变成非农建设用地，需经由国家征收，将集体所有变为国家所有，农地转变为非农建设用地所形成的土地增值收益归国家所有，主要由地方政府掌握，形成了中国特色的土地财政制度。[1]急剧膨胀的"土地财政"帮助政府以前所未有的速度积累起原始资本。城市基础设施不仅逐步还清欠账，甚至还有部分超前（高铁、机场、行政中心）……高速增长只能用惊叹来描述。[2]即便是批评土地财政的主流经济学家[3]，也都承认土地财政对于中国的城市化建设起到了不可磨灭的贡献。实际上土地财政弥补了分税制之后地方财政进行经济发展和基础设施建设的财政缺口，在这一点上是无法被替代的。即便马上开征房地产税，短期内也根本无法替代土地财政所能起到的巨大作用。这几年，土地财政被舆论和主流经济学家批评得十分厉害，导致包括政府和老百姓在内都把高房价等社会问题归结在土地财政上。从重庆、上海试点房产税来看，地方政府获得的收入十分有限，根本不能弥补土地财政在地方财政收入中扮演的功能。随着营业税改增值税的完成，地方的财政收入进一步被收紧，所以地方的基础设施建设以及地方公益事业建设都面临巨大的压力。

---

〔1〕 参见贺雪峰：《地权的逻辑Ⅱ：地权变革的真相与谬误》，东方出版社 2013 年版，第 29 页。

〔2〕 赵燕青："土地财政：历史、逻辑与抉择"，载《城市发展研究》2014 年第 1 期。

〔3〕 在主流的学术研究中，对土地财政几乎不约而同地持批评态度。详细可见周飞舟："大兴土木：土地财政与地方政府行为"，载《经济社会体制比较》2010 年第 3 期。邓子基："关于土地财政的几个问题"，载《学术评论》2012 年第 1 期。陈国富、卿志琼："财政幻觉下的中国土地财政——一个法经济学视角"，载《南开学报（哲学社会科学版）》2009 年第 1 期等。

（二）当代中国农村土地制度普遍提高了中国农民的生活水平

中央政府连续十几年的 1 号文件都聚焦"三农"问题，中国农村和农民阶层的生活水平和环境在过去几十年都取得了高速发展。主流的经济学家（包括法学家）用少数城郊农民的思维代替了整个农民的思维，从而使得主流学术界对于中国农民和中国农村整个问题的判断出现了与事实几乎背道而驰的境地。其实只要从简单的直接观察和对各地农村进行观察，就可以发现农民阶层对于这些年中国共产党的执政和政府的政策是比较满意的，而且绝大多数农民阶层的生活水平（包括精神面貌）都大踏步前进了。但是为什么学术界还会认为过去 30 年农民是被"土地财政"剥削的一代呢？一个关键的原因是农民已经出现了分层，且呈现出复杂的趋势。沿海地区的农民、城市郊区的农民和偏远地区的农民是分化的，而一个地区内部的农民也分化为在外打工的农民和留守的农民以及子女读书上学的农民等。"在农业税取消之后，农民至少可以分为：脱离土地的农民阶层、半工半农阶层、在乡兼业农民阶层、普通农业经营者阶层、农村贫弱阶层。"[1]不同阶层的农民对土地收入依赖程度、对土地流转的态度、对待乡村秩序的态度也不尽相同。毛泽东同志对中国国情的基本论断仍未改变，"中国是一个政治经济发展极不平衡的大国"。[2]

相比过去，各个农民阶层的生活水平（包括精神面貌）都取得了巨大进步。但是由于主流学术界（包括媒体）没有进行深入调研，将一些城郊农民与政府之间博弈的情节进行扩大，将本来处于强势地位的城郊农民演绎为弱势群体，使得本来是城市化巨大受益者的城郊农民似乎成了整个农民阶层的代言人。因为相比土地的极差收益（进入土地财政部分）而言，城郊农民永远感到自己被剥夺，觉得自己是受害者。相反，那些真正生活在社会底层的农民，反而人生态度要积极很多，他们感到自己的生活水平

---

〔1〕 贺雪峰："取消农业税后农村的阶层及其分析"，载《社会科学》2011 年第 3 期。

〔2〕 毛泽东："中国的红色政权为什么能够存在"，载《毛泽东选集》（第 1 卷），人民出版社 1991 年版。

相比从前提高很多。一个重要原因就是他们在家乡还有一块土地可以随时返乡。[1]所以绝大多数农村的绝大多数农民与城郊农民是处于完全不同的境地的。因为农业税被免除，加上近年来各种农业补贴的发放，多数农民进行代际分工（青年农民外地打工，老人妇女留守土地），农村的生活水平大大提高。媒体上对于留守老人和留守儿童的报道不能说不存在，但很多情况带有夸大和博人眼球的色彩。因为这种代际分工不仅使农民可以保留土地所得，而且可以从城市获得新的较高收入，同时在遇到经济危机时则可以回到家乡休假。这也是中国在面临 2008 年国际金融危机时，整个社会并未出现的大的动荡的一个重要原因，也是中国没有出现西方发达国家在城市化过程中出现的贫民窟的一个重要原因。所以不能用城市人眼中的农村的印象来代替农民自己的感觉，也不能用城郊农民的感觉代替整个中国农村和农民的感受。城市化的发展是一个必然的趋势，农村相对的破败是一个客观现实，但也不要把农村视为城市人寄托乡愁的地方，农村和农村整体上已经取得了很大进步，尽管还需要进一步完善。事实上，近十年以来，城乡二元差距在缩小。在社会保障、就业机会等方面，中国的进步是十分明显的。在很多大城市里，至少在入幼儿园方面，农民工一点也不比市民困难，甚至更加方便。

基于以上分析，我们可以初步得出一个结论：尽管存在着腐败寻租、地方政府自由掌控收入等种种弊端，中国农村土地制度激励了地方政府、企业和个人的积极性，某种程度上弥补了中央财政权力上收之后地方财政的缺口，从而缓解了中央与地方的关系，[2]从而推动了中国的城镇化建设，提升了多数城市市民和城郊农民的整体福利水平，也为中央财政解决中西部问题、"三农"问题等提供了前提条件。这个意义上，农村土地制

---

〔1〕 参见王磊光："一个博士生的返乡日记：迷惘的乡村"，载 http://news.163. com/15/0226/09/AJCB7CMU00014JB6_all. html#p1，最后访问日期：2016 年 10 月 8 日。

〔2〕 这一点在实证上也为许多经济学家数据所证实，详细参见周飞舟："分税制十年：制度及其影响"，载《中国社会科学》2006 年第 6 期，孙秀林、周飞舟："土地财政与分税制：一个实证解释"，载《中国社会科学》2013 年第 4 期。

度构成中国当代宪制的重要组成部分，是当代中国特色社会主义建设实践中自我选择出来的道路。

五、中国农村土地制度完善之思路

（一）维持现有土地制度格局基本不变

农村土地并非单纯的经济要素，而是兼任了农民的退路（相当于社会保障）。对于华南地区农民而言，农民不只重视从土地上谋生，而且注重通过土地上的血缘关系，以及土地上的祖先崇拜和传宗接代来实现个人价值。[1]华北农村也表现出了类似又略微不同的村庄竞争。简而言之，对于农村和农民来说，不仅仅是一个简单的利益问题。如果通过强制的行政手段，强迫农民上楼，不仅会让政府承担巨大的经济成本，而且要让农民自己承担巨大的生活和观念上的成本。[2]相反，如果保持目前的土地制度，通过市场经济的发展和城市化的不断推进，农民会根据其家庭的发展和自身情况，选择合适的时机退出农村，选择到城市中生活。这个中间很可能有反复。因为农民可能会发现进城后无法适应，很可能又回到农村，再过些时间之后进城。这个过程可能是十分漫长的，但是如果把这个时机的把握和选择留给农民自身，那么这个城市化的社会成本就会很低。这样一来，政府不需要动用巨大的财政成本来为突然增加的城市市民提供包括医疗、教育、就业、住房等全方位的社会保障。农民依靠自己的家庭和土地就提供了这种保障。而且除此之外，选择本身也是一种自由和权利。事实上，改革开放 40 多年的过程已经说明，城市生活的美好会让农民阶层自发地向城市集中。政府急于想通过改革农村土地制度来推进城市化，事实上无法取得预期的效果。改革农村土地制度很难让绝大多数农民提高财产性收入。笔者老家在湖北西部农村，很多亲属都在农村拥有农用地，但长期

---

〔1〕　参见贺雪峰：《地权的逻辑Ⅱ：地权变革的真相与谬误》，东方出版社 2013 年版，第 25 页。

〔2〕　对于农村和农民而言，生活是相对稳定和静态的，所以生活方式的改变本身就是一种巨大的不适应和成本。

以来很多土地处于荒芜的状态，也无法进行流转。事实上，即便在现行土地制度之下，能够流转的土地早就在进行流转。[1]即便改革现行农村土地制度，绝大多数农村的土地仍然无法流转，因为城市化所需要的建设用地，尽管总量很大，[2]但是相对全国农村的农地而言，仍然是一个小数。一方面，农村拥有家乡的土地作为社会保障，同时通过代际分工，让年轻人到城市打工获得农业外收入，老人和妇女在家保持农地收入，这样全家就可以过上一个在当地还不错的生活。即便城市出现了经济危机，年轻人丧失了工作，也可以回到家乡进行休整，休息数月，等经济复苏之后再回到城市工作。目前的土地制度事实上扮演了一个城市化过程中的"蓄水池"和"润滑剂"的功能。

（二）稳定有序推进城乡一体化

2013中央城镇化工作会议指出："在我们这样一个拥有13亿人口的发展中大国实现城镇化，在人类发展史上没有先例。城镇化目标正确、方向对头，走出一条新路，将有利于释放内需巨大潜力，有利于提高劳动生产率，有利于破解城乡二元结构，有利于促进社会公平和共同富裕，而且世界经济和生态环境也将从中受益。"[3]中央城镇化工作会议的精神是对路的，但是会议也同时指出在中国搞城镇化必须发挥市场在资源配置中的决定性作用。而地方政府在推进城镇化建设时，往往简单地理解为将土地进行整理，将农村的集体土地征收，把农民赶上楼，扩大城区面积等。简单地提高城区面积，过多依赖行政手段进行城镇化建设，将使得形式上户籍城镇人口比重不断增加，但这并不符合中央城镇化会议中关于人的城镇化

---

〔1〕 大量的种植大户进行土地流转早就开始了，并不需要土地制度的改变。目前的农村土地制度并不影响土地的流转。

〔2〕 按照目前的土地建设指标，每年新增城市建设用地600万亩计算，按20年计算，才1.2亿亩。光农民宅基地都有2亿余亩，加上乡镇企业建设用地，则更多。而且这些土地建设用地是分年度随着经济建设和城市化建设需要而逐步被投入的。相比这些需求而言，农村土地如果全部放开，仍然只有城郊小部分土地有被征收的可能。

〔3〕 参见夏晓伦、陈健："中央城镇化工作会议在北京举行　提出六大任务"，载 http://finance. people. com. cn/n/2013/1214/c1004-23841511. html，最后访问日期：2016年10月9日。

的精神。而且相比较而言，采用行政手段推进城镇化，成本过于高昂，尤其是对被拆迁农民的社会保障和高额补偿费最终会被转移到土地价格中来，由在城市中购房的市民来负担。当这种房价越来越高时，则会反过来阻碍城市化的发展。这也是为什么像深圳这样的城市，由于城中村改造的费用太过于高昂，使得城市的房价越来越高，导致真正进行创新的企业和人才逐步离开深圳。所以，片面强调赋予农民财产权利，可能会产生意想不到的后果。而享受到农民财产权利的农民仅仅是占整个农民阶层很小部分的城市郊区农民。

第一，城镇化建设要以在全国一盘棋的前提下，不同的区域实行相对灵活的政策。对于横向的政府合作，应该修改《地方各级人民代表大会和地方各级人民政府组织法》，予以法律上的表达。比如在长三角地区、珠三角地区、京津冀地区、东北地区、华中地区、西部地区，赋予地区政府一定的灵活政策的权力。对于区域合作，可以进行大胆探索，目前在很多问题上，不仅是城市化、生态治理上，扶贫开发等都需要跨越省级区域的合作。要根据文化传统、地域特点予以统筹考虑。

第二，对于城乡一体化要循序渐进，在相当长时间内，对于城市土地和农村土地仍然区别对待。重大改革要于法有据，实质含义就是没有充足把握和利益（改革收益要远大于改革成本），不要试图推翻现有的制度安排。涉及土地制度这样的基本宪制安排，更是要慎之又慎。在尊重现行的土地制度安排前提下，至少未来 20 年至 30 年内，城乡二元格局是一个客观现实，不能试图用一种制度来解决两种格局的问题。

（三）通过农村集中规划来建设社会主义新农村

主流经济学家和法学家一个典型的误区就是从专业角度单纯理解农民和土地问题。经济学家把土地当成一种单纯的经济生产要素，而法学家则把土地视为一种权利的客体。但是对于有着长期农业文明传统的中国而言，土地是一种生存方式，也是一种社会保障，尤其是中国有着 8 亿农民。在这一点上，包括美国在内所有的大国都不能为我们提供现成的经验。对于农村而言，首先是稳定其次才是发展。不能拔苗助长。改革开放初期，为什么经济发展迅速？为什么大家下海创业？一个主要原因就是东南沿海经济搞得好。体制外的经济发展得好，体制内〔1〕的人自然就会跳出来进行创新。通过行政的手段改变土地制度，很可能适得其反。

第一，对于占中国大多数人口的农民而言，发展一些小城镇，或者在离农村农地不太远的地方进行集中居住规划，给予一些补贴，让农民既能方便农业耕作，保障其农业所得，同时可以财政投入在这些集中居住地加强基础设施建设，改善交通，加强公共服务，包括建设医疗站、学校等。当然，对于中西部地区的农村和农民，主要是山区高原的农民来说，这可能是一条比较可行的道路。东部地区的农村本身就与城市无太大区别。而东北地区和华北、华南地区的农村可能就要根据相应的情形制定不同的规划。

第二，要针对农村干部精英流失的状况，培育那些土生土长又主要生活在农村的农民精英，让他们成为农村社会治理的中流砥柱。有了这些中坚农民，农村的土地才有稳固的维护者。鼓励大学生村官扎根农村，同时更要依靠收入主要来自农村的农村中青年。

第三，要加强农村文化精神传承。如鼓励老年文化宣传队，少数民族特有习俗和文化传承人。给予其一定的财政补贴，这些文化传统就能维持下来，让农村不至于成为精神荒漠。早些年，农村的电影工作队其实是一个非常好的制度安排。社会主义新农村并不简单是盖房子、买汽车，精神和文化内涵同样重要。

六、结论

农民的城市化要立足于稳定现行土地制度，长期摸索。从目前中央的

---

〔1〕 这里的体制不仅是指狭义的财政供养人员，而是指广义的旧的体制。包括农民体制也是一种体制。只要城市里的生活更有利于他们，农民自然就会进城。市场经济发展得好，干部的腐败空间压缩，他们自然就会出来寻找出路。

精神和地方的实践来看，可以从三方面来稳步推进。首先是推动农民在农村的平坦地区相对集中居住，财政投入改善基础设施（包括交通、医疗、教育）等。其次是在农民和城市之间的交接地带大力发展小城镇。这个问题实际上已经在进行之中。[1] 最后对于大中城市而言，政府所做的应该是进一步完善城市基础设施，提高公共服务水平，放开市场准入。自然就会对周边中小城市和农村地区产生辐射作用。笔者再次重申，主流经济学家和法学家单纯从专业视角看待农村和农民问题，是危险的，单纯从效率和产权视角看到土地制度也是轻率的。回想一下，美国的土地制度也并非从来就是私有的。[2] 要警惕将农村土地制度私有化的倾向，至少在中国城镇化的加快阶段，是不理性的。成都的经验恰恰证明了当前城镇化正是依赖于土地财政，而土地财政的前提就是当地中国农村土地的制度安排。所以，成都的经验可以在经济发达和财政实力强大的大中城市推广，却很难在占中国绝大多数的中国中西部农村推广。维持现行农村土地制度，先在农村附近的平坦地带让农民逐步集中居住，再稳步向小城镇和大中城市发展，同时在相当长时间内保留农民的土地，给农民自由选择权，稳步推进中国城镇化，在一个比较长的时间内（至少到 2030 年）逐步实现中国的城镇化，这就是本章的结论。

---

〔1〕 参见国家发展改革委等 11 部门《关于开展国家新型城镇化综合试点工作的通知》（发改规划〔2014〕1229 号）。

〔2〕 参见朱苏力："不止步于先前对中国法治的想象，不试图以西方法治理论航标今日中国"，载《探索与争鸣》2016 年第 10 期。

第三章

农村土地"三权分置"的法理逻辑

——从政策和法律双重视角切入

农村土地制度的改革的核心是土地的"三权分置"问题。土地的"三权分置"是一个实践中已经长期客观存在的法律事实，法律必须对此予以回应。集体所有权、承包权和经营权，如果从传统物权理论出发，则势必违反物权法定和一物一权的原则。现行学术界的讨论混淆了政策概念和法律概念，混淆了权能概念和权利概念，纠结于是否对增加新的用益物权类型"土地经营权"，这没有抓到牛鼻子。本章从事实（中国农村土地流转实践，功能主义）出发，从中央文件和现行法律体系（对实践大量调研基础上的中央政策和现行法律体系）出发，从经济、法律、历史、社会的综合视角出发，对于三权（事实上的四权：土地所有权、土地承包权、土地承包经营权、土地经营权）进行梳理，学术界目前主张的土地所有权——土地承包经营权——土地承包权+土地经营权的法理逻辑是应该被否定的。而农村土地"三权分置"的内在逻辑应该是土地所有权——土地承包权——土地承包经营权（土地经营权仅为其权能）。在此基础上，提出农村土地"三权分置"的路径之选择。

一、问题的提出

中共中央、国务院《关于全面深化农村改革加快推进农业现代化的若干意见》（以下简称"2014年中央1号文件"）提出："在落实农村土地集体所有权的基础上，稳定农户承包权、放活土地经营权，允许承包土地的经营权向金融机构抵押融资。"这是中央首次提出"三权分置"的政策，而中共中央、国务院《关于加大改革创新力度加快农业现代化建设的若干意见》（以下简称"2015年中央1号文件"）进一步提出要"抓紧修改农村土地承包方面的法律，界定农村土地集体所有权、农户承包权、土地经营权之间的权利关系"。其实十多年前经济学界已经提出这个问题，[1]而法学界一直不愿回应此问题。中央明确提出改革思路，近两年开始有一些法学专家撰文进行了研究，但是整体感觉没有抓到牛鼻子，问题在于法学研究的思路问题。不少法学学者过于关注法学逻辑的自洽，而没有去深入了解经济生活实践，以至于法学研究与现实脱离越来越大。经济学界之所以能主导改革的动向，不在于其研究水平多高，在于其至少关注了现实社会实践。一个被法学界忽视的前提就是："三权分置"并非经济学家研究出来的，也并非中央文件头脑发热所密室操作出来的，而是广大人民群众多年实践的产物，而且在整个中国农村土地中已经占到接近30%的比重。[2]不管法学界是否从理论上承认，现实生活中大量的农村土地流转已经客观存在。所以对这个中国经济社会中的根本性问题，法学界必须在法理上予以解释。

学术界目前对于"三权分置"的研究，主要包括经济学界和法学界两方面。这里主要集中对法学界近两年关于此问题的研究进行一个梳理。整体上，目前关于"三权分置"的应对，有三个方面的主张。第一种是保守派的主张，他们认为现行土地承包经营权制度的制度内功能足以应对中央提出的"三权分置"政策。核心观点就是中央提出的"三权分置"是一种土地功能，并非一种法律上的权利。现行的土地制度安排本身就足以解决

---

〔1〕　参见谢光国："制约农民收入增长的因素分析和对策"，载《农业经济问题》2001年第3期；张红宇："中国农地调整与使用权流转：几点评论"，载《管理世界》2002年第5期。

〔2〕　根据2014年6月的调查数据，全国流转耕地面积约3.8亿亩，占全部承包地的28.8%，其中，出租和转包方式（非自耕农方式）占78.6%，完全转让承包权方式占6.0%，再次转让方式占3.2%，由此可见实践中"三权分置"已经是一种非常普遍的状态，经营权不在承包者手里这种现象占比较大，涉及大概26.0%左右的农户。参见朱道林、王健、林瑞瑞："中国农村土地制度改革探讨——中国土地政策与法律研究圆桌论坛（2014）观点综述"，载《中国土地科学》2014年第9期。

问题。[1]比如姜红利认为："在现行法律未作重大修改背景下，应当立足于现行法律规范及民法理论，赋予土地经营权担保功能，维持土地承包经营权制度，坚持物权与债权以及抵押与质押相区分规则。"[2]姜红利认为土地经营权是一种债权性权利，与土地承包权作为一种法定物权应该予以明确区分。苏永钦也认为"三权分置"政策框架中的"经营权"只能理解为物权法定主义原则下的"伴随的债权关系"，而不能理解为承包经营权"再使用权化"的法律构造，即它是物权法定主义原则下的解释范畴，而不是法律构造范畴。[3]第二种是激进派的主张，他们主张修改法律，增设土地经营权。他们主张要修改物权法，增设土地经营权这一权利类型，并且明确其为用益物权，具体包括自主生产经营权、抵押、入股等处分的权利。[4]第三种是折中派的主张。他们既不同意保守派维持现行制度的观点，也不赞同进行大量修法的观点，而是认为可以进行法律解释，将现行土地承包经营权排除掉"承包权"的内容，使其成为一种单纯的用益物权。[5]如秦小红认为："政府必须破除城乡二元结构、消除农地制度的不当负担、完善农地产权制度、提高农民产权处分能力、发挥市场在配置资源中的决定性作用，导入现代要素和现代法律制度。"[6]

总之，法学界面对中央提出的"三权分置"问题，大致有三个方面的观点：激进派、保守派、折中派。何去何从，需要进一步厘清。笔者大致从以下方面入手，对学术界争议的焦点问题进行分析，并在此基础上提出

---

〔1〕 参见吴兴国："承包权与经营权分离框架下债权性流转经营权人权益保护研究"，载《江淮论坛》2014 年第 5 期；陈小君："我国农村土地法律制度变革的思路与框架—中国共产党第十八届中央委员会第三次全体会议《决定》相关内容解读"，载《法学研究》2014 年第 4 期。

〔2〕 姜红利："放活土地经营权的法制选择与裁判路径"，载《法学杂志》2016 年第 3 期。

〔3〕 参见苏永钦："法定物权的社会成本——两岸立法政策的比较与建议"，载《中国社会科学》2005 年第 6 期。

〔4〕 参见潘俊："农村土地'三权分置'：权利内容与风险防范"，载《中州学刊》2014 年第 11 期。

〔5〕 参见丁文："论土地承包权与土地承包经营权的分离"，载《中国法学》2015 年第 3 期。

〔6〕 参见秦小红："政府引导农地制度创新的法制回应———以发挥市场在资源配置中的决定性作用为视角"，载《法商研究》2016 年第 4 期。

自己的观点。

二、"三权分置"的来龙去脉——从中央文件入手

法学界在如何应对"三权分置"的问题上之所以出现三大派别的观点，一个重要的原因就是对于中央政策并没有仔细厘清，就匆忙亮明观点，主要从理论出发，而非从现实出发。如果要厘清"三权分置"的真实含义，必须从中央文件和相关权威解读入手。

中央政策最早出台的相关规定是 2014 年中央 1 号文件。但明确提出"三权分置"的观点，并详细论述，是 2014 年中共中央办公厅、国务院办公厅颁发的《关于引导农村土地经营权有序流转发展农业适度规模经营的意见》（以下简称《2014 年适度规模经营意见》）。除此之外，2015 年中央 1 号文件要求："抓紧修改农村土地承包方面的法律，……界定农村土地集体所有权、农户承包权、土地经营权之间的权利关系。"所以，厘清"三权分置"的真实意图，必须把这三份权威文件结合起来考察。

第一，三份文件都表明之所以要推进"三权分置"，其宏观目标是为了实现农业现代化。2014 年中央 1 号文件开宗明义："工业化信息化城镇化快速发展对同步推进农业现代化的要求更为紧迫，……稳中求进，改革创新，坚决破除体制机制弊端，坚持农业基础地位不动摇，加快推进农业现代化。"在目前四个现代化建设中，农业现代化是最大的短板。

第二，《2014 年适度规模经营意见》明确指出："实践证明，土地流转和适度规模经营是发展现代农业的必由之路。"这段话其实非常关键，常常为学术界忽视。其暗示的含义就是土地流转并非中央要求的结果，而是广大农村实践中已经大量存在的现实问题。在整个社会进行社会主义现代化建设的今天，工业化的发展吸收了大量的农村劳动力，使其转入到第二和第三产业中来。农业的收入较低，使得不进行规模经营，就无法生存

下去，除非你的农业收入只是副业。[1]而之所以是适度规模经营，则和我们国情相关，在广大中西部地区，很少有大块平原地带，耕地比较分散，除了几个大的平原地带外，没有发展大规模农场的条件，只能是发展一定规模的家庭农场和农业合作社。另外，现在多数农民家庭还处于家庭承包为主的状况，即便要向美国式的农场主农业方式发展，也需要长期的过渡时间，给农民充足的考虑时间，并把选择权交给农民，不能强制性地拔苗助长。所以，农村的大量土地流转已经成为现实，法律上如何进行表达就成为非常实际的问题。因为法律的一个基本功能就是定分止争，即确定一个清晰的产权秩序，不能让一个社会中普遍存在的现象长期处于法律真空的状态。

第三，从功能主义理解中央文件。考察三份中央文件，就会发现文件中的确出现了不少权利的表达。最引人注目的就是"坚持农村土地集体所有，实现所有权、承包权、经营权三权分置"。[2]但据此就认为应该修改法律，将这些权利统统添加到法律中去，实际上混淆了政策概念和法律概念。在这个文件表达中，土地的集体所有权是已经存在的法律概念，而承包权和经营权均为法律上未曾被表述的概念，《民法典》中的概念是"土地承包经营权"。所以用法律权利的概念来理解中央文件中的政策概念，是不对的。如果认为中央文件中的每个权利概念都应该在法律中予以对应表达，那么这个文件中还有其他的权利概念，如"土地流转优先权"，是否也要修改《民法典》，予以明确赋权呢？答案显然是否定的。

三、"三权分置"的主要争议

在厘清了"三权分置"的政策前提之后，才能对学术界主要的争议点

---

[1] 至少在中部地区的农村和华北地区的农村，笔者的调研经验显示，土地要么被流转给大户进行经营，要么就是农民半工半农，分季节进行耕种和外出打工，农业收入只是其基本保障和副业。

[2] 参见《2014 年适度规模经营意见》。

进行梳理。过去，承包地由农户经营，土地所有权与土地承包经营权的分置足以反映此时的经济关系，但"在土地流转过程中，土地承包经营权变成承包权与经营权两部分，从而形成了所谓的所有权、承包权和经营权'三权分置'的状态"。[1]但在承包权、经营权的性质问题上，现行法律没有予以解决。主要争议在以下几个方面：

（一）土地承包经营权、承包权的性质和关系

现行《民法典》物权编中明确表述的概念是"土地承包经营权"。[2]但 2014 年中央 1 号文件明确提出"农户承包权"和"土地经营权"两个概念，并在《2014 年适度规模经营意见》中进一步确认此概念。2015 年中央 1 号文件重点强调了土地经营权对土地流转的意义。2016 年中央 1 号文件再次表达了"土地集体所有权""农户承包权"和"土地经营权"三个概念。这三个概念在法律上需要进一步厘清。

第一，土地承包经营权是现行法律明确规定的用益物权。那么农户承包权是从土地承包经营权中分离出来，还是先于土地承包经营权产生呢？按照 2014 年中央 1 号文件的精神，农村土地改革的前提就是"稳定农村土地承包关系并保持长久不变"[3]。那么稳定农户承包权显然是针对此前提而言的。

第二，农户承包权是一种社员权，即基于其农村集体组织成员而拥有的权利。所以农户的承包权从法理上应该先于土地承包经营权。但是两种权利是不同性质的。农户的承包权是一种社员权，即身份权。《土地承包法》第 5 条明确规定："农村集体经济组织成员有权依法承包由本集体经济组织发包的农村土地。任何组织和个人不得剥夺和非法限制农村集体经济组织成员承包土地的权利。"成员权终极目标是公平，通过成员权的界定，保证集体中每个成员享有同等的权利，也减少成员之间的依附性，独

---

〔1〕　韩俊："准确把握土地流转需要坚持的基本原则"，载《农民日报》2014 年 10 月 22 日。
〔2〕　参见《民法典》第二编第三分编。
〔3〕　参见 2014 年中央 1 号文件，第 17 条。

立表达对社会的基本观点。承包权在权属类别上属成员权，农户获得集体的承包地，依靠的是集体成员资格。[1] 所以，有些学者在土地承包经营权的性质上纠结，实际上是误读了法律规则。还有不少学者混淆使用"承包权"和"土地承包经营权"也导致了理解的偏差。[2]

（二）承包权和经营权的性质和关系

前文已经探讨了农户的承包权是一种身份权，那么土地的经营权则不可能来自这种社员身份权的分离，而只能是来自土地承包经营权。陈锡文在 2015 年 2 月 3 日国务院新闻办公室的新闻发布会上就明确："在落实土地集体所有权的基础上，需要稳定农民对土地的承包权。……在这个基础上，要放活农村土地的经营权。现在将农村土地流转，流转的是农村土地的经营权，实行'三权分置'，这也是为了更好的改革。"[3]

很多学者对于土地承包经营权能否分离出来土地经营权持否定意见。主要包括三个方面的反对意见：其一，以所有权权能分离论证"三权分离"的正当性，不合他物权设立的基本法理。王泽鉴在《民法物权》中认为，由所有权的整体性所决定，所有权不是占有、使用、收益、处分等各种权能在量上的总合，而是一个整体的权利，不能在内容或时间上加以分离。房绍坤在《用益物权基本问题研究》中指出，土地承包经营权等用益物权并不是所有权权能分离的结果，而是土地所有权人行使其所有权的表现。其二，土地承包经营权分离为土地承包权和土地经营权缺乏法理支持。土地承包经营权是物权法对于约定俗成的说法法律化的结果。"土地承包经营权"所传达的是在农村土地之上设立的以从事农业生产为目的的

---

[1] 参见韦鸿、王琦玮："农村集体土地'三权分置'的内涵、利益分割及其思考"，载《农村经济》2016 年第 3 期。

[2] 楼建波："农户承包经营的农地流转的三权分置——一个功能主义的分析路径"，载《南开学报（哲学社会科学版）》2016 年第 4 期。

[3] "陈锡文、韩俊解读 2015 年中央一号文件"，载 http://www.zgxcfx.com/Article/81695.html，2016 年 10 月 21 日访问。

权利，并没有细分为"土地承包权"和"土地经营权"。[1] 其三，他们认为现行土地制度并不阻碍土地流转，本身足以保证土地的流转。虽然在表述上先后经历了"稳定""长期稳定"到"稳定并长久不变"的变化，但稳定土地承包关系的根本宗旨没有变，那就是避免农民的土地承包关系不稳定乃至土地承包经营权被非法剥夺的现象。[2] "稳定土地承包关系，不仅不排斥土地流转，而且有利于土地流转。"[3] 其四，他们认为物权法体系之下，真正带有身份权的是土地集体所有权，土地承包经营权并非身份权利。在新型农业经营体系之下，完全无须固守本集体经济组织成员平等取得土地承包经营权的传统模式，发包方完全可以根据以民主决策程序形成的土地承包方案，将本集体的土地发包给非集体经济组织成员的农业生产者。[4] 此时，没有土地承包经营权的农民集体成员仍然依据其身份享受系列相关权利。

笔者对于此种争议将从三权如何分置入手。前述以高圣平为代表的观点有一个假设的逻辑前提，即"三权分置"从"两权分置"而来。即改革开放之后，我们将农村土地集体所有权分置为土地集体所有权和土地承包经营权。然后现在按照经济学家的设计，把两权再向三权予以分置，将土地承包经营权进一步分离为土地承包权和土地经营权。但是这个逻辑前提并不正确，只是学者们的想象而已。实际上，纵观历次中央文件，从来未有提出土地承包经营权是集体所有权分离出来的。前文，笔者已经指出，在 2002 年《土地承包法》中就已经有了承包权的法律概念，并且与土地

---

〔1〕　参见高圣平："新型农业经营体系下农地产权结构的法律逻辑"，载《法学研究》2014年第 4 期。

〔2〕　参见 1988 年 11 月 25 日中共中央、国务院《关于夺取明年农业丰收的决定》；1990 年12 月 1 日中共中央、国务院《关于明年农业和农村工作的通知》；1991 年 11 月 29 日中共中央《关于进一步加强农业和农村工作的规定》；2002 年 11 月 4 日中共中央《关于做好农户承包地使用权流转工作的通知》。

〔3〕　参见韩长赋："积极推进新型农业经营体系建设"，载《人民日报》2013 年 8 月 7 日。

〔4〕　参见高圣平："新型农业经营体系下农地产权结构的法律逻辑"，载《法学研究》2014年第 4 期。

承包经营权并列存在。从法理逻辑上分析，承包权才是农民基于集体经济成员的身份权，而土地承包经营权则是法律基于农民的承包权赋予农民的土地权利。至于土地承包经营权的性质，2007 年的《物权法》已经明确将其定义为用益物权，只是现存的法律之间（主要是《土地承包法》和《民法典》物权编）存在一些衔接的问题。使得学术界对于土地承包经营权的性质仍然存在争论。

基于以上讨论，高圣平等学者所主张的前两条理由自然无法成立。因为土地承包权、土地经营权并非来自对土地承包经营权的分离，而是基于不同的法理产生的。前者依据《土地承包法》是一个社员权，而土地经营权是土地承包经营权的一种权能，恰恰是基于土地承包权为实现土地集体所有权而来。第四个观点也是错误的。因为按照现行土地法律制度体系，土地属于农村集体所有，但土地承包权则是农民基于农村集体成员身份而拥有的社员权，这在《土地承包法》中规定得非常明确。学者们的偏差在于单纯从物权法孤立地理解现行土地制度和中央文件，自然难免偏颇。至于最后一种观点，有一定道理，但是并不全面。现行制度的确是运行土地承包经营权的流转，而且现实实践中也大量存在土地流转的情形，但是说现行法律制度十分有利于土地流转则是过于偏颇。正是因为现行《土地承包法》和农业农村部相关土地流转法规对土地流转的大量限制，使得现实实践中大量土地流转在形式和内容上均处于灰色地带，权属界定不清，产生了大量土地纠纷。典型的如《土地承包法》（2009 修正）第 37 条第 1 款规定："土地承包经营权采取转包、出租、互换、转让或者其他方式流转，当事人双方应当签订书面合同。采取转让方式流转的，应当经发包方同意；采取转包、出租、互换或者其他方式流转的，应当报发包方备案。"

（三）经营权是否可以抵押问题

讨论这个问题的前提是不少学者对于土地经营权和土地承包经营权的关系尚有疑虑。实际上，前文已经提及土地承包经营权是一种法定用益物权。而土地经营权则是土地承包经营权的一种权能。包括 2014 年中央 1 号文件在内的中央文件的表述,并不代表其所有的概念都是法律概念。土地经营权并非一个法律概念,只是土地承包经营权的一种具体权能而已。我们在讨论学术问题时必须区分政策概念和法律概念。厘清了这个问题,我们再来讨论经营权是否可以抵押的问题。在很多学者看来,所谓"三权分置"主要是为了能把农民的土地经营权盘活为一种可以抵押的金融资产。

《民法典》第 399 条第 1 款第 2 项规定:"宅基地、自留地、自留山等集体所有土地的使用权,但是法律规定可以抵押的除外",在现行法律体制下,通过招标拍卖协商获得的农村荒地是可以抵押的,但是其他农地是不可以抵押的。可见,我国法律是禁止抵押土地承包经营权的,但在现实中已经有所突破。2010 年 11 月重庆市出台《关于加快推进农村金融服务改革创新的意见》,其明确规定:将在全市推广农村土地承包经营权抵押融资。类似的情况还有江西、河北、湖北等地的情况。[1]尽管 2015 年国务院《关于开展农村承包土地的经营权和农民住房财产权抵押贷款试点的指导意见》已经提出进行两权试点,但是应该仅仅限于试点地区谨慎进行。如果要放开土地经营权(或土地承包经营权)的抵押权能,则需要修改《民法典》和《土地承包法》相关法律。能够从法律上放开是一个问题,实际效果可能是另外一个问题。因为从实践的效果来看,并不非常理想。如武汉地区的实践表明,允许农村土地承包经营权抵押后,后期银行在接盘土地承包经营权之后,遇到农民阻止的问题。[2]法律问题从来都不是一个单纯的法律问题,而是社会综合问题,必须通盘考虑。

四、"三权分置"的现实路径

(一)梳理"三权分置"的三个原则

自 2014 年中央 1 号文件和《2014 年适度规模经营意见》提出"三权

---

〔1〕 参见李国强:"论农地流转中'三权分置'的法律关系",载《法律科学(西北政法大学学报)》2015 年第 6 期,第 187 页。

〔2〕 参见周慧:"农民承包土地经营权与住房财产权抵押融资试点启动",载《21 世纪经济报道》2015 年 8 月 25 日。

分置"以来，围绕"三权分置"的逻辑构建争论颇大。主要集中于土地所有权、土地承包经营权、土地承包权和土地经营权的法律关系，以及与现行法律体系的关系问题。实际上是四种权利和一个体系问题。通过对经济学界和法学界研究文献的梳理，基本可以发现学术界存在对于现行政策的误读。之所以会产生种种误读，则主要由于几个原因：一是把政策概念与法律概念混淆，这是经济学家们常常犯的错误；二是从理论出发，而非从实践问题出发，来思考问题，这是法学家们常常犯的错误。所以，要解决"三权分置"的内在逻辑和法律表达问题，需要把握几个原则：其一是从实践问题出发，从功能主义出发；其二是区分政策概念和法律概念，以现行法律体系为前提；其三是综合经济、社会、历史、法律视角来考量权利问题。把握这三个原则，对于梳理"三权分置"的问题显得至关重要。

（二）"三权分置"的历史逻辑

中央文件提出"三权分置"，最大的前提就是解决现实中农村土地的问题。农村土地问题的大前提则是城镇化和现代化。一方面，随着城镇化的发展，大量土地被抛荒或者流转。而随着土地确权，过去被忽视的土地权利纠纷则大量产生。另一方面，农业现代化在中国推进缓慢，主要是中国多数国土处于山地丘陵，所以土地分散，而且人在不断增长，土地却是有限的。为了解决这些问题，土地规模经营是一个必要前提。只有规模经营，才可能提高生产效率，购买农业机械设施，逐步实现农业现代化。笔者在河北农村大量的调研显示，[1]农村的土地流转目前规模整体仍然比较小，大棚主要局限于 20 亩至 30 亩的大棚。土地流转难以推广的一个重要原因是农民的观念问题。[2]之所以少数农民对于土地流转仍存顾虑，主要是考虑到土地流转后是否会失去土地的担心。所以中央提出"三权分置"，第一个意图是通过稳定土地承包权要打消农民的顾虑。第二个意图则是土

---

〔1〕 笔者这里调研的农村主要是衡水、邢台地区的农村。

〔2〕 相比之下，山东等地的农民观念就相对开放，如济南、寿光等地的农村大棚则动辄数百亩，规模比衡水地区大很多。

地所有权过去存在虚化的现象。过去几十年，土地所有权是农村集体所有，但在实践中往往被农村集体组织（即发包人）所控制。发包人在很多时候替代了农民集体所有权人。按照现行法律，土地承包经营权人如果要出让自身的土地承包经营权，则需要发包人同意。所以实际上土地发包人对于农户有很大的影响。之所以设计这个制度，是为了平衡国家、集体和个人三方面的利益。如果操作得当，这个制度是很精妙的。只是过去几十年，基层的农村经济组织出现了种种问题，使得发包人没有很好地代理集体经济组织行使所有权人的角色，产生了不少社会问题甚至群体性事件。第三个意图是农业现代化和城镇化客观上出现了土地流转的需求，从功能主义的角度，农村出现了第三方群体，即土地流转的转受人。为了有效地规范集体、农户和第三方群体的利益，中央才提出"三权分置"的概念，即土地所有权、土地承包权和土地经营权三种权利鼎足而立。

（三）"三权分置"的法理逻辑

1. 坚持土地所有权集体所有不变

对于土地集体所有制，也有学者持有异议。他们认为目前的土地集体所有形同虚设，建议直接确权给农户。如侯继虎认为："关于农村集体土地'三权分置'的提法在法理上难以说通，村民小组集体土地所有权主体地位已经名存实亡。将农户承包的耕地所有权确权到户，形成农村集体土地'三级所有'的创新体制，是目前保障农民土地权益的最佳选择。"[1]其核心观点是将土地所有权由村集体给予农户。这种观点不仅曲解了此次确权的本来含义，同时也不符合当前的土地制度。其一，此次土地确权的内容不仅包括土地所有权，而且更主要包括农户的土地承包权和土地经营权。通过确权来厘清历年来农村土地的权属情况，也为国家掌握整体农田土地现状提供基础性资料。因此某种意义上土地确权和人口普查的意义一样重大。土地和人口一样是一个主权国家最重要的资源之一，作为中央政府不能没有一个通盘整体的掌握。过去几千年，由于技术和信息的原因，

---

〔1〕　参见侯继虎："论耕地的确权到户与用途管制"，载《社会科学家》2015 年第 11 期。

中国的中央政府可以说一直没有能够准确地弄清楚整个国家的包括耕地在内的土地的总量。清雍正开始摊丁入亩，一直到清末也没有把全国的土地丈量清楚。其二，通过确认更加让农民确信其对土地的身份权（土地承包权）长久不变，为下一步土地经营权的流转打消疑虑。最后，土地集体所有是新中国成立70年以来反复总结经验的结果，是基础性制度，不能轻易更改。中国共产党人通过数十年的艰苦奋斗，其最大的革命成果就是消灭了地主阶层，实行土地革命，实现耕者有其田的制度。实行土地私有制，实际上是否认了中国社会主义革命的合法性，又回到了实行几千年的封建土地制度。实际上，了解中国农村的同志就会发现，农民也并不要求土地所有权，在乎的是稳定的土地使用权（即承包权）。对中国历史进行观察，我们也会发现，土地私有最终的结果就是土地兼并，大多数农民会再次失去稳定的土地使用权。

所以，在目前农民仍占中国多数人口的前提下，动摇土地基本制度的风险极大。在农民没有强烈要求的前提下，没有必要动摇国家的根本土地制度。而土地公有制，很多研究都表明是中国过去三十年城镇化和现代化建设的基础性条件，它的作用被大大低估了。[1]

2. 稳定农户土地承包权

目前学术界最大的误区，在于把土地承包权看作土地承包经营权的一部分内容或者从土地承包经营权中分离出来的内容。这个误区有两个原因。一个是目前《土地承包法》和《民法典》的规定。《民法典》第334条规定："土地承包经营权人依照法律规定，有权将土地承包经营权互换、转让。"而《土地承包法》（2009修正）第37条第1款规定："土地承包经营权采取转包、出租、互换、转让或者其他方式流转，当事人双方应当签订书面合同。采取转让方式流转的，应当经发包方同意；采取转包、出租、互换或者其他方式流转的，应当报发包方备案。"也就是说，虽然《民法典》把土地承包经营权放在用益物权这一节，但是《土地承包法》

---

[1] 参见张学博："土地财政的历史观察：1988-2015"，载《宁夏社会科学》2016年第3期。

第 37 条的规定让土地承包经营权与普通的用益物权有明显的不同。《民法典》第 353 条规定："建设用地使用权人有权将建设用地使用权转让、互换、出资、赠与或者抵押，但是法律另有规定的除外。"即建设用地使用权人可以自由决定对已经受让的土地使用权的出让和互换。但是土地承包经营权人如果要转让其土地承包经营权，却需要发包人的同意。许多学者据此认为土地承包经营权是一种身份权和用益物权的复合权利。对此，笔者不能赞同。虽然《土地承包法》对土地承包经营权的出让进行了一定的限制，但不代表土地承包经营权就是一种身份权。因为基于农民的农村集体经济组织成员的身份，法律对于其土地承包经营权进行了一定的限制，并不代表法律否定了其用益物权的性质。用益物权本身主要是占有、使用、收益他人所有权的权利。所以用益物权人可以通过各种方式（包括出让和出租）来实现其收益，这没有问题。但是这并不排斥法律可以对用益物权进行一定限制。《民法典》对于建设用地使用权人的权利规定就不同附加了但书条款："法律另有规定的除外。"所以《土地承包法》对土地承包经营权的出让进行限制，恰恰是因为基于农民的土地承包权是不可出让的。所以在农民出让其土地承包经营权时才进行了一定限制。另外一个原因就是很多学者都忽视了《土地承包法》已经有对农民土地承包权的规定。《土地承包法》第 5 条明确规定："农村集体经济组织成员有权依法承包由本集体经济组织发包的农村土地。任何组织和个人不得剥夺和非法限制农村集体经济组织成员承包土地的权利。"紧接着第 6 条的规定同时出现了"承包"和"承包经营权"的概念。《土地承包法》第 6 条规定："农村土地承包，妇女与男子享有平等的权利。承包中应当保护妇女的合法权益，任何组织和个人不得剥夺、侵害妇女应当享有的土地承包经营权。"所以，现行《土地承包法》实际上本身就有土地承包权的概念，只是基于土地承包权是一种身份权，并未在后续法律条文以及后来的《民法典》中体现，使得很多学者误认为土地承包权是从土地承包经营权中分离出来的。事实和逻辑都恰恰相反，土地承包权不仅不是从土地承包经营权中分离出来的，而且是其权利的源头。正确的逻辑是：土地所有权→土地承包权→土地承包经营权（土地经营权）而非土地所有权→土地承包经营权→土地承包权+土地经营权。

所以，稳定农户的土地承包权，实际上就是在此次确权中，把土地所有权和土地承包权都尽量明确到户。使得农民放心，大胆把自己的土地承包经营权（土地经营权）进行流转，因为基于其身份的土地承包权是不可以转让的，不会丧失。

3. 土地承包经营权和土地经营权

第三个问题就是如何放活土地经营权的问题。多数学者的讨论都集中在是否把土地经营权通过修改法律的形式予以明确赋予用益物权的问题。即主张增设土地经营权这一用益物权类型，其权能主要表现为对承包土地的独立占有、经营、收益和处分，[1]具体包括自主生产经营权、抵押、入股等处分的权利。[2]这实际上是混淆了政策概念和法律概念，并非每个政策中的概念都要有法律上的确认。同时也混淆了权能和权利的概念。这里的土地经营权实际上只是土地承包经营权的权能。目前的《土地承包法》并不否认土地承包经营权的流转，只是在土地承包经营权出让时设置了一个限制性条款。但是正基于此，《民法典》不允许土地承包经营权被抵押。因为土地承包经营权一旦被抵押，则有可能被出让或处分。而土地承包经营权本身的出让是受到限制的。所以土地经营权（或者土地承包经营权）能否抵押获得资金，关键在于是否有自由出让或者处分的权利。之所以《担保法》（《民法典》保留了相关条款）允许通过出让获得的土地使用权可以被抵押，关键在于该土地使用权已经进入市场之中，是完全可以流通的财产权。而土地经营权（或土地承包经营权）还是受到发包人限制的用益物权。所以，如果要解决土地经营权（或土地承包经营权）的抵押问

---

〔1〕 参见张力、郑志峰："推进农村土地承包权与经营权再分离的法制构造研究"，载《农业经济问题》2015 年第 1 期。

〔2〕 参见潘俊："农村土地'三权分置'：权利内容与风险防范"，载《中州学刊》2014 年第 11 期。

题，关键在于区分土地承包权和土地承包经营权，并在此基础上修改《土地承包法》和《民法典》，取消发包人对于土地承包经营权人的交易限制。一旦解决这个问题，则土地经营权（或土地承包经营权）自然可以进行抵押。去"承包权"身份性限制的土地承包经营权当然可以胜任政策中的土地经营权重任，应当去除《民法典》第334条关于土地承包经营权转让须经"发包方"同意等不必要限制。[1]尽管土地经营权的受让人仍然受到限制，但至少在这个相对闭合的空间内，银行等金融机构则可以为出让人的土地经营权定价并设置抵押权。

所以，土地经营权作为土地承包经营权的一种权能，并不需要单独由法律来予以重新赋权，只需要对现行《土地承包法》进行适当调整，即可相当程度地解决土地经营权的流转和抵押问题。也就是说，三份中央文件所提到的土地经营权并非一个法律概念，而是一个政策概念，其实就是土地承包经营权的重新解释。也就是土地承包经营权要去掉其身份性。

（四）"三权分置"的现实路径

第一，坚持土地集体所有权不动摇。当前土地制度是中国基本制度的核心内容，历经数十年奋斗而总结出来的经验，兼顾了国家、集体和个人三方面利益，可以调动政府、农村集体和个人几方面的积极性，是十分精妙的制度安排。正因如此，习近平总书记才在全面深化改革小组第七次会议上强调："要坚持土地公有制性质不改变、耕地红线不突破、农民利益不受损三条底线。"[2]但是也要注意到目前集体土地所有权被虚化的现象比较严重。发包人不能很好代理集体土地所有权的现象亟待纠正。从法理上讲，发包人是受集体经济组织成员共同委托来行使管理职权的。既要让发包人代表集体经济组织的利益不受到个别成员的干扰，也要防止发包人滥用权力，损害农村集体经济组织成员的土地经营权。

第二，要厘清土地所有权、土地承包权和土地经营权三者的关系。集

---

〔1〕 参见丁文："论土地承包权与土地承包经营权的分离"，载《中国法学》2015年第3期。

〔2〕 参见习近平在2014年12月2日全面深化改革小组第七次会议上的讲话。

体土地所有权是农村集体组织成员共同所有。而土地承包权则是农村集体组织成员依据其成员身份享有的承包集体土地的身份权。在土地承包权基础上，农村集体组织成员才享有土地经营权（或者土地承包经营权）。土地承包经营权是现行《民法典》确定的用益物权，而土地经营权是其权能，中央文件中提出的这个概念是一个政策概念，并非一个法律概念，并不需要进行大规模的法律调整。大规模的法律调整成本高昂，也会产生很多法理上的不自洽。通过对于土地承包经营权的重新解释并配合法律修改（《土地承包法》和《民法典》相关限制要进行调整），就可自然解决三者的法理逻辑问题。

第三，稳定土地承包权和放活土地经营权问题。所有的法律规则归根到底都是为了解决现实实践中的具体问题。我们要更关注"实"而非"名"的问题。认真学习《土地承包法》，土地承包权本身已经存在，只是学术界不是特别关注，现在只需予以重申而已。关于如何强调土地承包权，有学者主张进一步修改《土地承包法》，对这一成员权予以细化。《民法典》第 261 条和第 265 条等有关农民集体所有权的立法条款，为土地承包权的制度构建预留了一定的立法空间。[1]但关于土地经营权问题，多数学者显然把权利的名称看得过于重要。中央文件作为一种政策性文件，显然更关注实际问题，而不在乎名称。只要能解决实践中的土地流转和土地经营权抵押问题，名称是"土地承包经营权"还是"土地经营权"并不重要。

---

[1] 参见丁文："论土地承包权与土地承包经营权的分离"，载《中国法学》2015 年第 3 期。

第四章

法律规则视野中的全面绩效管理研究

一、问题的提出

当前学术界关于预算绩效管理相关的论文，重点探究了以下问题：其一，外部环境是如何对预算绩效产生影响的；其二，预算绩效运行框架是什么样的；其三，如何从技术方法上对预算绩效进行改进与完善。[1]即主要侧重从指标设计，技术框架上研究如何推动预算绩效管理改革，很少有从法律制度层面来研究预算绩效改革问题的。仅有少量研究预算法法律制度完善时捎带讨论此项问题。不论是从中国预算绩效管理改革历史还是发达国家绩效预算改革成功经验来看，法律规则的视角都是一个不可忽视的重要前提。

随着我国政府财政规模的不断扩大，政府收支领域的腐败现象成为社会日益关注的问题，新时代的反腐败需要通过绩效预算制度来规范政府行为。国际上不少国家治理的历史经验及绩效预算改革运动的轨迹，为我国绩效预算制度改革提供了参考路径。[2]2014年《预算法》的出台填补了绩效预算领域的法律空白，并从多方面对预算绩效管理提出了要求。为落实新《预算法》的要求，2015年以来中央及地方各级政府出台了各类改革

---

〔1〕 胡晓东、尹艳红、陈珏如："中国政府预算绩效管理研究述评——基于2003—2017年文献"，载《甘肃行政学院学报》2018年第3期。

〔2〕 参见朱斌："反腐败背景下我国绩效预算法律制度体系的构建"，载《西南民族大学学报（人文社会科学版）》2018年第10期。

办法，积极探索创新模式。财政部先后出台了《中央部门预算绩效目标管理办法》《中央对地方专项转移支付绩效目标管理暂行办法》，进一步规范了预算绩效目标管理。2016 年，中央预算部门 10.3 万个支出项目全部设定了绩效目标，涉及金额 7598 亿元，比上年增长 255% ，并依据绩效目标，细化形成了包括产出、效益、满意度在内的多维度绩效指标。[1] 可以说，经过十几年的发展，中国的绩效预算工作在制度上取得了不少进步。但是要实现"力争用 3 年时间基本建成全方位、全过程、全覆盖的预算绩效管理体系"，单纯依靠文件治国和行政推动的方式，很难实现。十八大之前的相当一段时间，我国虽然经济发展很快，但是社会矛盾比较突出，维稳压力巨大，一个重要原因就是单方面的自上而下的行政推动工作。目前我国的财政绩效管理制度，有以下方面的问题：

（一）绩效管理主客体的局限性

在实践中，财政绩效管理的主体是各级财政部门。虽然相较其他部门而言，财政部门具有更多的信息优势，对财政预算的收入支出等掌握最全面的信息，但是这种信息的掌握是宏观意义上的，而且这种掌握还需要在各级各部门提供的信息十分准确的前提下。假定在各级政府各个部门提供的信息完全准确的信息前提下，财政部可以对整个国家的宏观财政信息有一个初步的把握。但对于中央政府所自觉追求的全面预算绩效管理而言，更重要的是具体每级政府每个部门每个单位的绩效如何的问题。

以中央部门财政绩效为例。自 2010 年以来，中央部门均公布了自己每年的三公经费预算和支出。财政部和审计署每年也可以对各个中央单位的相关经济情况进行审计。在十分有限的时间内，财政部和审计署的核查和审计只能抓重点，借助大数据手段对数额较大的票据进行重点核查。而且重点仅仅局限于核查其合规性，而不是考察其财政绩效如何。[2] 要实现每

---

〔1〕 财政部预算司："2016 年中央预算部门绩效目标实现全覆盖"，载《预算管理与会计》2016 年第 7 期。
〔2〕 调研材料来自中央党校 2018 年度部分中青一班秋季学期学员的座谈。

个部门的财政绩效管理，仍然要以每个部门自身为基础。而在现行的绩效管理体制下，财政绩效管理则主要成为财政部、审计署和单位财务部门的职责。1937 年，美国罗斯福政府成立了总统管理委员会对政府管理予以了高度重视，提出"行政效率不只是意味着文件资料、工作时间和单位成本。这些是行政效率的要素，但只占很小比重。真正的效率远远超出这些。真正的效率必须内化为政府组织结构的组成要素，并体现为优质、高效的公共服务"。[1]

财政绩效管理的客体身份化严重。"由于绩效管理主体的控制型结构，决定了绩效管理客体是适应这种结构需要的配置，即以考核对象的级别（组织和个人）来划分，实际上成为身份化、身份制考核。由于不同行政职级的干部归属不同绩效管理层级，适用不同的考核指标、考核办法。"[2]由于我国的干部人事制度是上管一级，所以县级干部的管理权在市里，市级干部的管理权在省里，而上级部门对于下级部门的工作实绩和成本收益的了解往往十分有限，就如同财政部对各个中央部门的了解一样。这种绩效管理的结果自然只能是技术上的，运用大数据技术进行合规性审查，而绩效管理真正追求的"优质高效服务"通过这种技术手段是完全无法评估的。

（二）技术标准缺失，信息化程度不高

财政绩效评价有赖于建立规范的技术标准，但目前这一标准远未完善。如财政部印发了《中央部门预算绩效目标管理办法》（财预［2015］88 号）、《预算绩效评价共性指标体系框架》（财预［2013］53 号），厦门市财政局印发了《厦门市委托第三方机构参与预算绩效管理暂行办法》（厦财预［2016］30 号）、江苏省财政厅印发了《江苏省预算绩效管理聘任专家暂行办法》（苏财绩［2014］4 号）等，但这些管理规定大都位阶较

---

　　［1］　Administrative Management in the Government of the United St at es, 1937, p. 3.
　　［2］　参见龙凤钏："方法与制度：我国绩效管理改革的法治化路径"，载《中共福建省委党校学报》2016 年第 4 期。

低且相对分散，缺乏统一的标准。[1]

目前我国财政支出涉及竞争领域较多，容易混淆市场贡献与财政贡献。另一方面，财政预算信息不透明和不完整，包括预算公开过于笼统，绩效评价的能力和条件受到制约，信息不对称或失真，加大了信息收集、甄别和处理的难度，直接影响了评价结果的客观性、科学性和公信力。[2]由于没有顶层设计，财政绩效管理往往是由财政部门主导，缺乏各个部门的配合，财政部门也没有足够的能力来根据各种属性的预算支出进行指标设计，予以科学的评价。而且财政部门或者人大委托的第三方所能获得的信息往往是不全面不充分的信息，这都进一步加大了财政绩效评价的标准统一难度。

（三）顶层设计缺乏、没有专门立法

前面所述问题都有一个共同原因，就是没有专门的绩效管理法律规则。以财政支出绩效评价为例。财政支出绩效评价缺乏全国统一的法律及行政法规保障，尤其是第三方评价实施，依据是财政部门文件，无法完全消除评价委托—代理关系中的道德风险及可能滋生的腐败。此外，由委托部门批准的评价方案约束力不强，政府主要官员自由裁量权过大，一定程度上导致绩效评价沦为了干部人事调整的工具，或者财政分配上的形式依据。[3]2015年实施的《预算法》虽然规定了绩效原则，但是这种原则性的规定如果没有细化的法律规范作为保障，难免在实践工作中流于形式。尽管从《宪法》《审计法》《公务员法》中可以或多或少地找出一些相关法律规定，但都不全面，或者是实体方面的欠缺，或者是程序方面的缺乏，难以成为绩效管理有效有序运行的法律依据。[4]自2003年十六届三

---

[1] 蒋悟真、李其成、郭创拓："绩效预算：基于善治的预算治理"，载《当代财经》2017年第11期。

[2] 郑方辉、廖逸儿、卢扬帆："财政绩效评价：理念、体系与实践"，载《中国社会科学》2017年第4期。

[3] 郑方辉、廖逸儿、卢扬帆："财政绩效评价：理念、体系与实践"，载《中国社会科学》2017年第4期。

[4] 唐检云、龚婷："西方国家政府绩效管理及对我国的启示"，载《江西社会科学》2014年第11期。

中全会以来，政府采取"文件驱动"有其合理性但并不充分。采用行政手段推进绩效预算改革在改革前期有一定成效，可将绩效制度迅速融入中央和地方政府各部门预算编制和预算执行中，并起到了强调绩效评价重要性的作用，但是行政规章不足以为绩效预算提供最佳约束与引导。绩效预算只有建立在法治基础上才可能扎根和长期稳定存在。[1]

我国《预算法》第 12 条第 1 款仅仅规定"各级预算应当遵循统筹兼顾、勤俭节约、量力而行、讲求绩效和收支平衡的原则"，同时还要求对各级政府、部门以及单位的预算执行情况进行绩效评价。除此之外，也没有对预算绩效管理作出具体规定。虽然国务院、财政部等出台了一系列有关预算绩效管理的规章制度，各地方政府也出台了自己的预算绩效管理办法，但层级都比较低，缺乏完整的体系。[2]现行体制决定了只有全国人大通过的法律才能将所有的部门纳入制度的笼子里，因为即便是国务院的行政法规也只能约束行政部门，而我们现行体制下还有大量的党的机构、群团事业单位等机构。所以，财政部门自己出台的部门规章的约束力十分有限，是否有效很大程度上取决于其他部门的自觉。

（四）结果应用不足

财政部、广东省及其他试点省市要求财政支出绩效评价结果应按政府信息公开条例在一定范围内公开，并作为下年度安排部门预算的重要依据。在实际操作中，早期评价结果以政府或有关部门内部通报为主，公开范围和应用程度十分有限。[3]我国的绩效预算治理尚未构建起完善的财政激励体制，无论是《预算法》还是《预算法实施条例》仍停留在传统的以惩罚为主的预算控制层面，预算法律法规鲜见有关财政激励的修辞。如

---

〔1〕 王泽彩："预算绩效管理：新时代全面实施绩效管理的实现路径"，载《中国行政管理》2018 年第 4 期。

〔2〕 蒋悟真、李其成、郭创拓："绩效预算：基于善治的预算治理"，载《当代财经》2017 年第 11 期。

〔3〕 郑方辉、廖逸儿、卢扬帆："财政绩效评价：理念、体系与实践"，载《中国社会科学》2017 年第 4 期。

《合肥市预算绩效管理考核问责暂行办法》（合政办〔2016〕51 号）规定，对"管理工作较好，绩效评价结果为优的单位进行激励"，但对于激励的具体内容与方式则并无明确说明，由此也使得财政激励效果大打折扣。[1]绩效评价仅仅是预算编制的参考因素而非决定性因素。预算的编制计划更多考虑各个方面的宏观因素以及年度政策，而非把绩效评价作为基本参考。这都导致了目前开展的财政绩效管理工作在实施过程中效果大打折扣。

以专项财政转移支付为例来说明。近几年来，"压专项，增一般"成为我国财税改革的基本方向，主要思路是加大一般转移支付的力度，完善增长机制，逐步取消竞争性领域专项转移支付，以及清理、整合、规范财政专项资金等。[2]但是效果并不明显。2014 年，财政部按政府工作报告要求，安排预算将专项转移支付项目由 2013 年的 220 个压减到 150 个左右，完成减少 1/3 专项转移支付项目的目标。2018 年度中央对地方财政转移支付 57 054 亿元，其中专项转移支付仍高达 21 886 亿元，占比 37%。如果算上均衡性财政转移支付 22 400 亿元，那么专项转移支付比重高达 44 286 亿元，占比高达 77.6%。[3]正是由于财政支付领域一部法律都没有，甚至连行政法规都没有，所以财政转移支付领域的专项转移支付比例一直居高不下。

再举个简单的例子来说明这个问题。笔者在中央党校的县委书记班参加小组讨论时对调研财政绩效问题进行了随机访谈。[4]相当部分的县委书记表示，根据他们的经验，在过去十多年，一些敢于负债发展（不计成本

〔1〕 蒋悟真、李其成、郭创拓："绩效预算：基于善治的预算治理"，载《当代财经》2017年第 11 期。

〔2〕 郑方辉、邓霖、林婧庭："补助性财政政策绩效目标为什么会走样?"，载《公共管理学报》2016 年第 3 期。

〔3〕 2018 年中央对地方税收返还和转移支付预算表，载 http://yss. mof. cn/2018zyys/201804/t20180403_2859259. html，最后访问日期：2019 年 2 月 15 日。

〔4〕 这些情况来自 2017-2018 年笔者在中央党校县委书记班参加多次小组讨论过程中随机访谈的结果。

收益），有了能够让上级看到的政绩（亮点）的干部，往往受到提拔重用。反之，一些小心谨慎不敢负债发展（考虑绩效）的干部，往往很难受到重用。这个案例表明财政绩效在领导干部决策过程中的权重是较小的。这也表明充分了解发达国家如何通过法律规则来推动预算绩效管理十分必要。

二、发达国家绩效预算管理法律规则之经验

预算是形塑一个国家治理方式的重要工具。经由预算制度变革推进国家治理转型是各国普遍的选择。从制度内容上看，西方国家呈现出从注重政府收支的规范治理向注重支出控制、结果导向、公私合作与预算弹性的有效治理转变的趋势。[1]

（一）英国绩效管理法律规则的经验

西方国家绩效管理的历史，可以被称为绩效管理法治化的历史。英国政府绩效管理的发展是逐步法治化的过程，其改革的立法进程基本是从雷纳评审——持续性改革——下一步改革——公民宪章运动，一步一步推进绩效管理的法治化进程。英国政府 1997 年颁布的《地方政府法》规定，地方政府必须实行最佳绩效评价制度……同时，对与政府绩效管理整体法律框架相配套的公共服务项目也设立了相应法案，如 1999 年的《地方政府最佳服务效果法案》、2003 年《绩效手册》等。[2]英国政府亦在 1998年引入"全面支出审查"制度，采取一个多年期的全面支出审查计划取代渐进性预算制度，以重新优化分配预算资源、消除不必要的财政开支来提高公共服务质量。[3]

（二）美国政府绩效管理法律规则的经验

根据朱立言教授的研究，可以把美国的政府绩效评估历史分为三个阶

---

〔1〕　陈治："国家治理转型中的预算制度变革——兼评新修订的《中华人民共和国预算法》"，载《法制与社会发展》2015 年第 2 期。

〔2〕　唐检云、龚婷："西方国家政府绩效管理及对我国的启示"，载《江西社会科学》2014年第 11 期。

〔3〕　See OECD, "Performance Budgeting in OECD Countries", OECD Publishing, 2007, p. 193.

段。第一个阶段是萌芽时期，大致在 1900~1940 年，这一时期政府绩效评估的核心价值观是效率。标志性事件是 1906 年纽约市政研究院的建立及其对纽约市政府的评估实践。第二个阶段可以称为"绩效预算"时期，大致在 1940~1980 年。这一时期的核心价值是强调通过预算手段控制支出以实现经济意义上的高效率。第三个阶段可以称为全面发展时期，大致在 1980 年至今。这一时期的政府绩效评估强调绩效评估不仅仅是一项评估技术，而是与组织的战略规划、预算、管理过程和公民参与等因素相结合，并逐渐形成一种新的管理制度——绩效管理制度。[1]

1. 效率至上阶段（1900~1940 年）

这个阶段的代表性学者西蒙认为："对于上一代人来说，只要政府是诚实的，那么它就是值得尊敬的政府。今天的标准已经发生了很大变化，我们不仅要求一个政府是诚实的，而且要求其必须是高效的。"[2]在这种理论指导下，1906 年，布鲁尔等人发起成立了纽约市政研究院，其宗旨是：促进政府效率的提高；促进政府部门接收并使用成本核算和市政绩效报告等科学方法；促进市政业务的真正公开和透明；收集、整理、分析并解释与市政管理有关的现实问题。这个阶段的政府绩效评估仍然分前后两个阶段。前期，纽约市政研究院的绩效评估主要评估政府内部绩效，包括政府预算及雇员效率等。到了 1927 年之后，评估的重点转向了政府公共服务的经济和效率。1929 年至 1930 年，沃科尔（M. Walker）对人口在 3 万人以上的 160 个城市的绩效进行评估，其评估的重点也是政府公共服务的经济和效率。[3]

2. 绩效预算时期（1940~1980 年）

绩效预算有两种内涵，"一种是指通过预算的方式控制成本、防止浪

---

〔1〕 参见朱立言、张强："美国政府绩效评估的历史演变"，载《湘潭大学学报（哲学社会科学版）》2005 年第 1 期。

〔2〕 Simon, H. Measu ring Municipal Activity, A Survey of Suggest ed Criteria and Reporting Form s f or Appraising Administration. ICMA, 1938, Chicago.

〔3〕 Administrative Management in the Government of the United States, 1937, p. 3.

费，实现经济意义上的高效率（1980 年之前）；另一种是指既要控制成本，又要实现预期的绩效目标和良好的结果（1980 年以后）"[1]。而 1940～1980 年的绩效预算主要是指前一种绩效预算，即通过成本控制，以最小的投入实现行政产出的最大化，至于公民是否满意则不是政府绩效关心的核心问题。具体而言，这个时期的绩效预算体现为四次标志性改革。

第一次是 1947 年，第一届胡佛委员会提出了绩效预算和标准的改革方案，提出了 270 项改革建议，其核心是通过绩效预算的方式实现改革目标。"绩效预算的焦点集中在功能和活动——与行政目标的实现相关——而不是雇员规模和绝对服从 ……这种预算方式要求联邦政府部门把注意力集中在政府的职能范围和工作量的大小。它把政府部门工作量和成本清楚地展现在国会和公众面前。"[2]

第二次是 1965 年，约翰逊总统颁布总统令，要求所有的联邦政府部门实行计划-项目—预算制度（PPBS），其目的是加强总统对联邦政府各部门的行政活动和预算的控制，增强总统的权力。计划—项目—预算制度采用成本/效益分析方法来研究如何提高行政效率，有以下特点：确立了长期的计划目标；实现计划目标的行政项目的成本/效益；把行政项目融入计划和预算之中，有助于长期绩效目标的实现。[3]

第三次是 1973 年，为了增强各部门对实现联邦政府整体目标的责任，尼克松总统决定实施新的改革方案——目标管理。目标管理的优点在于把联邦政府的绩效目标与部门的绩效目标、预算和责任结合起来，在注重投入/产出的同时关注目标和结果的实现。

第四次，为了控制财政支出、提高政府的效率和效益，卡特总统要求所有的联邦政府部门从 1979 年财政年度开始执行零基预算制度。"零基预

---

[1]　Janet M. Kelly. Performance Budgeting for State and Local Government. M. E. Sharpe, Inc. 2003, p. 24.

[2]　GAO/ AIMD -97-46 Performance Budgeting.

[3]　参见朱立言、张强："美国政府绩效评估的历史演变"，载《湘潭大学学报（哲学社会科学版）》2005 年第 1 期。

算制度要求对每一项行政计划的重要性进行详细评估，然后对该计划的预算请求进行详细的分析和论证……通过零基预算制度，我们就能够降低成本并使联邦政府更富有效率和效益。"[1]

简而言之，这段时间内政府绩效管理的特征包括：通过预算手段，把行政目标、行政计划和行政活动与预算资源的分配联系起来，以控制预算支出的方式达到提高政府效率的目的；绩效预算关注的焦点是投入/产出、行政过程、经济和效率，而不是行政活动的效益和结果；绩效预算改革的范围主要限于联邦政府这一层次。[2]

3. 政府绩效评估的全面发展时期（20 世纪 80 年代以后）

20 世纪 90 年代，美国学者提出了政府再造的十大原则，其核心精神是如何使政府工作得更好、更富有效率和效益，这和起源于英国、新西兰等国的新公共管理理论的核心内涵不谋而合，这构成了克林顿政府绩效改革运动的理论先导。

首先，克林顿政府 1993 年推动颁布的《政府绩效和结果法案》，是美国历史上首部关于政府绩效改革的立法，是克林顿政府绩效改革的基石。《政府绩效和结果法案》主要包括几个方面的内容：阐述绩效改革立法的目的和意图；制定战略规划（五年）；制定年度绩效计划和绩效报告；强调管理的责任和灵活性；实行新的绩效预算；重视国会的审查和立法等几个方面的内容。[3]

其次，克林顿政府建立了强有力的执行机构。1993 年 3 月，克林顿宣布成立国家绩效审查委员会，并任命时任副总统戈尔主持统筹联邦政府绩效改革计划的实施。1993 年 9 月国家绩效评审委员会发布《从繁文缛节到

〔1〕 Dall W. Forsy, "The Managing Performance in American Government". The Rockefeller Institute Press. 2001, p. 7.

〔2〕 参见朱立言、张强："美国政府绩效评估的历史演变"，载《湘潭大学学报（哲学社会科学版）》2005 年第 1 期。

〔3〕 杜兰英、张珊金："美国政府绩效评估研究的回顾与评析"，载《江淮论坛》2006 年第 6 期。

结果导向：创造一个工作更好、花钱更少的政府》，成为克林顿政府绩效改革运动的具体行动指南。在这份报告中，国家绩效评审委员会提出的384 条建议可以归结为五大基本原则：简化规制原则、顾客优先原则、授权原则、节约原则、结果导向原则。[1]

总之，在克林顿改革之后，美国所有的联邦政府部门都制定了绩效目标，所有的联邦政府部门都制定了长期战略规划、年度绩效计划和年度绩效报告。调查结果显示，通过立法或行政政策，50 个州中的 47 个已经建立了绩效评估和绩效管理制度；83 ％的州政府部门和 44 ％城市政府已经建立了各种形式的绩效评估制度。[2]

（三）其他国家绩效管理的法律经验

立法保障是开展政府绩效评价的前提和基础。英国、澳大利亚、瑞典、韩国、德国都制订了大量与预算有关的法律。英国与澳大利亚都是绩效预算的先驱国，但是英国关于预算方面的法律在数量上要少于澳大利亚，因为英国是通过直接引入具体绩效预算的操作规章制度来进行绩效预算改革的。[3]

20 世纪 90 年代以来，此时期的预算重点虽然继续关注预算总额的控制与预算资源的配置，但在加强预算控制之时还以功能效果为导向赋予预算执行部门更多的自由空间，并通过契约的方式明晰各预算参与主体的权利义务关系。如为提升预算资源运作效率，新西兰《公共财政法案》赋予支出部门非经议会的批准而享有部分重新分配资源的权利。[4]新西兰 1994年的《财政责任法案》又进一步细化了有关财政管理责任的原则。此外，

---

[1]　Rogers. Garry. "National Performance Review's government reinvention", *Dissertation*, 2000, p. 25.

[2]　Poist er, T. H. &S treib, "G. Performance measurement in municipal government：Assessing the state of the practice". *Public Administration Review*, 1999, 59（4）, P325.

[3]　OECD. "Comparisons of OECD Country Legal Frameworks for Budget Systems", *OECD Journal on Budgeting*, 2006（4）.

[4]　参见 A Guide to the Public Finance Act，新西兰财政部网，载 http：//www. treasury. govt. nz/publications/guidance /publicfinance /pfaguide，最后访问日期：2019 年 2 月 20 日。

绩效预算的实施离不开相关配套制度的保障与非正式制度的协同。虽然绩效预算治理已是我国预算治理现代化的必由之路，但与绩效预算改革密切相关的中长期财政规划管理、权责发生制的政府财务报告制度以及绩效审计等制度还未建立，实现绩效预算治理法治化道路还很漫长。[1]

2000 年韩国颁布实施的《政府绩效评价框架法案》，明确规定政策评价、政策执行能力评价和公众满意度为政府绩效评价的基本内容，2006 年实施的《政府业务评价基本法》，将原先依据不同法令进行的各种评价综合为一体，更加强调公民对政府服务和政策实施的满意度调查。[2]

（四）发达国家绩效管理改革的经验总结

今天回过头来观察发达国家绩效管理改革，可以将绩效管理改革的成功归结为四点：

首先，立法推动改革。朱立言教授将美国政府绩效管理改革分为三个阶段，实际上可以进一步简化为两个阶段，20 世纪 80 年代之前和 80 年代之后。80 年代之前主要依靠总统的行政命令来推动绩效改革，80 年代之后则首先通过法律规则来推动改革。通过立法的方式，不仅使规则的阶位更高，而且通过国会立法，不断凝聚共识，取得社会各个阶层的了解和支持。所以在一个法治社会，一旦通过正当程序通过法案形式通过，也意味着民众对于法案的深入了解和基本认可，实施起来也就比较容易，成本较低，符合效率原则。所以，在 20 世纪前 90 年里，美国政府对于政府绩效管理的认识主要还是一种技术手段，所以主要的实现方式还是通过总统行政命令的方式。只有到了 20 世纪 90 年代，克林顿时期推动颁布的《政府绩效和结果法案》成了美国全面绩效改革的标志性事件，将整个美国政府纳入到绩效管理之中，取得了重大成就。

其次，绩效预算是全面绩效管理的灵魂之所在。从发达国家绩效管理

〔1〕 蒋悟真、李其成、郭创拓："绩效预算：基于善治的预算治理"，载《当代财经》2017 年第 11 期。

〔2〕 参见郑方辉、王彦冰："全面实施绩效管理背景的财政政策绩效评价"，载《中国行政管理》2018 年第 4 期。

的历史来看，可以发现政府绩效管理的历史就是用预算来加强绩效管理的历史。如美国最高法院原大法官霍姆斯所言，预算是政治的核心地带。在一个现代国家，政府的一切行为都要通过预算规划出来。所以到了 20 世纪 40 年代以后，美国政府明确将绩效预算作为实施政府绩效评估的抓手。从某种意义上讲，两者就是一回事。

再次，绩效预算必须长期规划，而非着力于短期目标。美国政府通过不断的预算改革运动，逐步认识到绩效预算改革不应该局限于短期政策目标，而是应该聚集于整个联邦政府的长期政策目标；不应该局限于政府运行过程和细节，而应该更关注结果绩效和整个联邦政府的行政效率的提高。所以绩效预算最大的优势在于目标管理和结果管理，而非传统意义上的技术合规和细节管理。但 20 世纪 80 年代之前的绩效预算改革有一个最大的缺陷，就是缺乏法律先行的理念，单纯通过行政部门和行政命令的方式推动改革，最终不可避免地陷入失败。除此之外，由于美国的联邦体制，20 世纪 40 年代至 80 年代的绩效预算改革主要局限于联邦政府层面，基本不涉及州以及州以下的政府层级。

复次，对预算部门行政长官追责，是世界各国的通行做法。如美国审计总署在预算绩效评价结果分析整理的基础上，将其作为被评估部门负责人任免和奖惩的重要参考依据。澳大利亚《财政管理与责任法案》第七章专章规定"主管首长的特别责任"，主管首长必须在促进本部门合理使用联邦政府资源方面进行管理，并要"有效和符合道德地"利用联邦政府的资源。[1]

最后，全面绩效管理不是某个部门的工作，也不是整个政府部门的工作，而是整个国家和社会的目标。从 20 世纪 40 年代之前的政府内部绩效管理，到 20 世纪 40 年代至 80 年代的绩效预算管理，再到克林顿政府时期的政府绩效管理法案，可以说各国政府对于绩效管理的理解越来越深刻。

---

〔1〕 蒋悟真、李其成、郭创拓："绩效预算：基于善治的预算治理"，载《当代财经》2017 年第 11 期。

20世纪80年代之前，美国政府基本上将绩效预算视为加强总统和行政部门权力的一种技术手段。不论是胡佛总统，还是约翰逊总统，抑或尼克松总统，均是从行政权力对抗国会立法权的角度来思考预算绩效管理的。只有到了克林顿总统时期，在声势浩大的政府再造运动理论支持下，将全面绩效管理不再视为财政部的事务，也不仅仅是总统和行政部门的事情，而是整个国家和社会共同的事务。所以，克林顿时期非常注重与立法部门的合作，通过与立法部门的合作，通过法案的方式不仅凝聚了共识，而且将立法部门和整个社会都融入这项工作中来，成为全面绩效管理的推动者，而非消极的观望者。这个观点在几乎所有实行绩效管理的国家，都达成了共识。这与意见所提出的"全方位、全过程、全覆盖的预算绩效管理体系"可以说是"英雄所见略同"。

三、全面绩效管理法治化的现实路径

《意见》[1]明确指出："创新预算管理方式，更加注重结果导向、强调成本效益、硬化责任约束，力争用3-5年时间基本建成全方位、全过程、全覆盖的预算绩效管理体系，实现预算和绩效管理一体化，着力提高财政资源配置效率和使用效益，改变预算资金分配的固化格局，提高预算管理水平和政策实施效果，为经济社会发展提供有力保障。"以英美为代表的西方发达国家以立法的形式推进政府绩效管理，建立了一套相对完备的政府绩效管理法律体系，使政府绩效管理不仅是一种管理方法，更发展为一种制度，取得显著成就。立足于当前我国预算绩效改革的问题，对标发达国家绩效管理改革的成功经验，笔者提出以下建议：

1. 转变思想观念，从预算绩效向绩效预算转变

中国当前正在实施的预算绩效管理并不是绩效预算管理，二者存在着明显的区别，绩效预算不仅是一个涵盖预算全过程的管理机制，而且延展

---

〔1〕 参见2018年9月25日中共中央、国务院公布的《关于全面实施预算绩效管理的意见》（以下简称《意见》）。

至整个政府治理过程。[1]目前中国的预算绩效管理仍然是一种为了提高财政效益的管理方式，而绩效预算则是在新公共管理运动背景下的一场政府治理革命。简而言之，预算绩效管理是技术层面的，而绩效预算则是制度和文化层面的深刻革命，是以提高更好的公共产品而再造整个政府体系。

根据《意见》，全面实施预算绩效管理的主要内容包括全方位预算绩效管理体系、全过程预算绩效管理体系和全覆盖预算绩效管理体系，简称"三个全面"。全方位预算绩效管理体系，要求预算绩效管理的实施对象从项目为主向政策、部门整体支出拓展，从转移支付为主向政府财政运行拓展，从而形成政府预算、部门预算、政策和项目预算等全方位的绩效管理格局。[2]这里的全方位预算在某种意义上与绩效预算的理念是一致的，瞄准的是整个政府的运行，而这正是我们预算管理改革的目标。

在制度和文化层面，绩效预算的理念是与十九大报告中习近平总书记反复提到的"以人民为中心"的理念是高度一致的。中国作为一个后发国家，在政府管理机制上，完全可以发挥后发优势，规避掉美国曾经走过的弯路，实现弯道超车，打造一个以人民为中心的现代政府治理体系。

2. 运用法治思维和法治方式来凝聚共识推进全面绩效管理

澳大利亚以及韩国、匈牙利这些国家的历届执政党在对待绩效预算的态度上前后并不一致，因此都需要通过法律去固定绩效预算改革成就，去强力推进预算改革，同时还能在短时间内达到制度设计者想要达到的目的。[3]

美国绩效预算改革成功的最重要一点，就是改革的法治思维和法治方式。20世纪90年代之前的美国绩效预算不可谓不前仆后继，但都没有成

---

〔1〕　参见胡晓东、尹艳红、陈珏如："中国政府预算绩效管理研究述评——基于2003—2017年文献"，载《甘肃行政学院学报》2018年第3期。

〔2〕　施青军："从'三个全面'的关系探求全面实施预算绩效管理具体路径"，载《中国行政管理》2018年第11期。

〔3〕　参见朱斌："反腐败背景下我国绩效预算法律制度体系的构建"，载《西南民族大学学报（人文社会科学版）》2018年第10期。

功，唯有克林顿政府的绩效预算改革能够成功，除了新公共管理运动的理论基础和历任美国总统的经验教训外，克林顿总统的法治思维和美国政府的法治方式是能够成功推动美国绩效预算改革成功的主要原因。从 2003 年《财政支出绩效评价管理暂行办法》（财预〔2003〕168 号）到 2015 年《中央部门预算绩效目标管理办法》（财预〔2015〕88 号）文件，共 11 份行政规范性文件〔1〕，没有颁布行政法规。文件治国固然有政策快，可以便宜从事，但是既无法获得整个政府的支持，也没有民意基础，更无法取得长远的规划和效果。

只有将预算治理活动纳入法治轨道上来，才能有效确保预算的民主性与有效性。规范预算为政府部门通过预算配置社会资源以达成其施政目标和政治任务以及为现代社会对政府活动进行约束和控制提供了行之有效的工具、方法和技术。〔2〕南非甚至通过宪法规则来确立财政支出绩效原则。〔3〕所以，中国应该借鉴这些成功经验，出台《财政绩效法》。除此之外，在修改《预算法》时，以涵摄的方式与《中央部门预算绩效目标管理办法》《中央级教科文部门项目绩效考评管理试行办法》《财政支出绩效评价管理暂行办法》《专项资金支出绩效审计暂行办法》等规章的规定相衔接，确立结果导向管理模式，与过程导向管理模式相结合，构成一个整体。〔4〕

在此基础上，要实现预算程序法定化。首先，制度设计应覆盖整个预算周期，逐步探索中长期预算规划；其次，加快推进资本预算的编制细化工作，区分经常性预算与资本预算；再次，预算程序中各阶段参与方应做到权责匹配；最后，细化政府会计基本准则和具体准则，构建清晰合理的

---

〔1〕 参见胡晓东、尹艳红、陈珏如："中国政府预算绩效管理研究述评——基于 2003—2017 年文献"，载《甘肃行政学院学报》2018 年第 3 期。

〔2〕 参见王雍君："法治—治理—政府约束与《预算法》修订"，载牛美丽、马蔡琛主编：《构建中国公共预算法律框架》，中央编译出版社 2012 年版。

〔3〕 参见南非《宪法》第 195 条第 1（b）款规定："要促进高效、经济和有效的使用资源。"因此，确立了财政支出绩效管理的宪法地位。

〔4〕 参见胡伟："我国财政支出绩效管理法律规制：体系、模式与功能"，载《经济与管理评论》2017 年第 2 期。

政府会计制度体系。[1]2014 年《预算法》运行已经几年，《预算法实施条例》仍旧没有修改，这为预算绩效管理改革细化留下隐患。如新能源等一些专项转移支付资金绩效形成多方监督而效益低下或贪污问题，需要在预算决策程序上尽快法定化。

3. 从成本节约转向结果目标和中长期规划的思路

《意见》明确指出："绩效理念尚未牢固树立，一些地方和部门存在重投入轻管理、重支出轻绩效的意识；绩效管理的广度和深度不足，尚未覆盖所有财政资金，一些领域财政资金低效无效、闲置沉淀、损失浪费的问题较为突出，克扣挪用、截留私分、虚报冒领的问题时有发生。"从这个文件中的措辞，可以看出目前对于绩效管理的认识还是技术层面的，重点关注覆盖领域的全面，财政资金的浪费沉淀问题，部分是其中涉及贪污腐败的问题。贪污浪费问题固然是迫在眉睫的问题，通过预算改革来控制财政资金的浪费和低效问题。在美国绩效预算改革的后期，尤其是 20 世纪40 年代之后，绩效预算的重要经验就是树立结果目标和中长期规划。

举个简单的例子——我国目前的科研项目管理。实践中对项目管理的管理重点放在票据合规性方面，而不是追求科研项目的目标管理。项目设定本身是为了支持高质量的科研成果，但实践绩效管理部门重点关注票据是否符合行政部门自身设定的规则，而不是关注项目资金所支持下的科研成果是否达到了项目设定的预期目标。所以，全面绩效管理要树立结果目标的观念，而且不能止步于短期规划，而是要通过中长期规划才能将绩效管理的重点聚焦在高质量的公共产品和服务上去。

结果目标的实现意味着对于财政支出主体的财政自主权的扩大，项目主持者要对项目资金有比较自由的支配权，财政支出者在一定范围内拥有预算调整权，绩效管理主体则重点关注财政资金支出之后的目标有无实现，即政府意图提供的公共产品人民是否满意，政府预备实施的政策效果

---

〔1〕　参见王泽彩："预算绩效管理：新时代全面实施绩效管理的实现路径"，载《中国行政管理》2018 年第 4 期。

是否实现，项目的成果是否如期产出。这一系列权力—权利的变化，相比目前实践中的权利义务关系，已经有了很大变化，这都需要专门的绩效管理法案以及配套的《审计法》《预算法实施条例》等法律法规的出台。所以这是一个系统治理工程。

4. 重视与立法部门以及其他部门、社会组织合作，打破数据壁垒

全面绩效管理是一场真正深刻的国家治理革命。全面绩效管理真正要落地，要实现意见所提到的 3 年至 5 年目标，重视整个部门的合作，打破数据壁垒，是一个基本的前提。克林顿之前的历任总统所推动的预算改革虽然也取得了一定成绩，但是绩效预算在整个美国政府中取得决定性进展是在 1993 年克林顿在国会支持下通过《政府绩效和结果法案》之后。这里面涉及两个问题。一是政府部门必须与立法部门，甚至司法部门通力合作，才能形成合力，推动一个法案的实施。相关学者的实证研究显示，财政与考评办缺乏良好的协作机制，使得绩效预算（PBB）流于形式。财政仍需采用释放"财力紧张"信号、提高预算审核威慑力的传统策略，来引导部门编制预算的策略行为。由此产生的副作用是，进一步加剧部门与财政的对抗性，导致部门预算绩效管理的实施阻力增大。[1]二是全面绩效管理绝非单纯依靠中央政府就能够实现，而是必须让中央政府与地方政府协同发力，共同推进。当前中国政府推动绩效管理面临两个方面的问题：一个是横向层面，绩效管理变成了财政部门的单项推动，没有得到各个部门的合力推动，各个政府部门之间的信息孤岛现象非常严重，使得财政部的努力成效并不明显。另一方面是纵向方面，地方政府往往将财政部、审计署的绩效管理视为一种外部检查和监督，而没有把自身放在全面绩效管理的一部分中去。所以，在推动全面绩效管理专门立法的过程中，应该由全国人大或者财政部牵头，在横向政府部门以及纵向地方政府层级广泛征求意见，实现集中统一立法和自下而上民主的辩证统一。

---

〔1〕 参见吴俊培、程文辉："基于不完全信息博弈模型的预算效率激励机制设计"，载《财政研究》2018 年第 11 期。

除了政府内部的全面合作之外，还需要培育第三方社会组织（比如智库）对政府绩效管理进行独立公正的量化评价。2007 年《新快报》以八个版面的篇幅在全国率先公布"广东省市县两级地方政府整体绩效评价报告"，让地方政府"倍感压力"，引起社会广泛关注，被学界称之为"广东试验"。此项评价基于独立第三方立场，以地方政府为评价对象，以公众满意度为导向，针对年度整体绩效表现，为政府绩效改善提供了"第三方标准"。[1]广东经验给我们的启示是，要重视各种类型智库（包括体制内和体制外）的第三方评价，这会对政府的绩效管理产生有效的倒逼作用。而智库的法律主体地位等则需要法律规则的授权。只要国家层面的法律规则对此予以规定，那么不仅智库地位得到保障，而且可以对促进全面绩效管理工作产生积极的倒逼作用。

5. 加强财政激励和绩效问责机制

第一，赋予预算执行机关广泛的财政自主权。绩效预算目标管理模式，决定了支出机关承担对产出或者结果责任的前提是被赋予充分的支出自由。新西兰《公共财政法案》允许支出部门在产出类别之间重新分配资源时，不需要进一步经议会批准。澳大利亚预算绩效管理赋予部门预算管理自主权，部门可以灵活地选择实现绩效目标的途径和方法，进而实现目标结果与管理的有机融合。而我国《预算法》仍对预算调剂进行严格限制，有悖于绩效预算"结果导向"的要求。[2]

第二，问责对象由预算部门到行政长官。我国部分地区已对预算部门相关责任人实行绩效问责进行了有益的探索。如上海市《浦东新区财政绩效预算管理行政首长问责办法（试行）》（浦府〔2008〕26 号）。《意见》明确规定，在年度预算编制、预算执行过程中不履行或不正确履行财政绩效预算管理办法及相关财经管理职责的，直接对其行政首长问责。地方各

---

〔1〕 参见郑方辉、谢良洲："独立第三方评政府整体绩效与新型智库发展——'广东试验'十年审视"，载《中国行政管理》2017 年第 7 期。

〔2〕 蒋悟真、李其成、郭创拓："绩效预算：基于善治的预算治理"，载《当代财经》2017年第 11 期。

级党委和政府主要负责同志对本地区预算绩效负责，部门和单位主要负责同志对本部门本单位预算绩效负责，项目责任人对项目预算绩效负责，对重大项目的责任人实行绩效终身责任追究制，切实做到花钱必问效、无效必问责。但是不论是赋予预算执行机关财政自主权还是落实预算问责制度，一个重要前提就是将意见中的这些制度法治化，这也是世界各国政府绩效管理的最大经验。

第五章

共享经济、城市治理与法治

以滴滴专车、共享单车为代表的共享经济疾风骤雨地进入到城市中来，在方便市民生活的同时，也成了城市治理必须面临的新问题。共享经济的快速发展依赖于两个大的前提：一个是移动互联网和大数据技术的高速发展；另一个是快速城市化和超级城市所带来的人口大量聚集。前者为学界所周知，但后者则往往被忽视。在国家治理现代化背景之下，城市治理需要通过法治的方式来实现，而共享经济所依托的大数据和共享平台对于法治的传统观念形成了强烈挑战，比如财产权，法律规避、法律规则的问题。面对共享经济，单纯对传统法律规则进行一些修补不足以实现今天的城市良治，有必要在比较国外相关法律治理规则基础上提出相应策略，增设专门法律应对。

一、问题的提出

共享经济的核心基础是"闲置+价值+回报"，产品和服务供给方拥有闲置资源或碎片化时间，在特定时间内让渡资源使用权或提供服务……为需求方创造价值，从而为供给方带来一定的金钱或精神回报。[1]所以共享经济的核心就是对闲置资产的使用权进行交易。这些闲置资产是零散的，在传统工业时代要进行交易的成本就十分高昂，因为在这种使用权的供给方和需求方之间存在巨大的信息不对称。正是移动互联网和大数据时代的

---

[1] 郑志来："共享经济的成因、内涵与商业模式研究"，载《现代经济探讨》2016 年第 3 期。

到来，使得像 BAT〔1〕这样的平台巨头横空出世，这些平台能够高效地匹配供给和需求两方，使得共享经济成为可能。一方面，它借助于接近"零边际成本"的互联网信息平台和相关的社交网络，在资源拥有者和资源需求者之间实现使用权共享……另一方面，"共享经济"的实质是物品的所有权与使用权分离，实现"闲置物品"的多次利用，并带来收益。〔2〕共享经济的出现对于现代资本主义的消费观形成了震撼的冲击。资本主义的消费观以所有权即占有为核心，而共享经济则以使用为核心，因而对于生态文明建设、供给侧改革有着十分重大的意义。同时，共享经济对于建立在所有权基础上的法律规则体系和理论体系产生了强烈冲击。比如对于共享经济所依赖的移动互联网和大数据平台，现代的法律体系几乎是一片空白。在移动互联网时代，数据就是最大的财产权，而目前的现实是网络数据几乎不受到任何保护，被各种公司任意免费使用。另外，在网络世界中，各种技术标准事实上成了法律规则，但这些技术标准可能仅仅掌握在少数个人和国家手中，却在"互联网无国界"的旗号下，成为世界各国互联网遵循的法律规则。除此之外，共享经济是否要遵守传统经济中的法律治理规则，还是另辟蹊径？比如共享单车在资本的力量推动下，一夜之间遍布在各个城市的大街小巷，占用机动车道和人行车道，该如何应对？以上三个问题，亟待解决。

二、共享经济的法律治理难题

多数经济学家都看到共享经济所带来的交易成本下降，给普通市民生活带来便利的现象，并且看到共享经济对于去库存的巨大价值，但对于共享经济的形成原因并未深入分析。共享经济的出现有两个主要前提：一个是互联网时代，尤其是移动互联网时代的到来；另一个是现代城市的发

〔1〕 BAT 在网络上指三家互联网巨头的合称：百度、阿里巴巴和腾讯。

〔2〕 乔洪武、张江城："共享经济：经济伦理的一种新常态"，载《天津社会科学》2016 年第 3 期。

展，城市人口大量聚集。多数人看到了前者，因为移动互联网和智能手机从技术上使得共享经济成为可能。但多数人没有看到第二个原因是前提的前提，即现代城市的发展，超级城市开始出现。全世界出现了大量人口在1000万人以上的超级城市。超级城市意味着人口大量聚集，而在超级城市之中，资源又是呈现出严重的两极分化。部分人资源过剩，而大部分人则资源短缺。比如说交通工具，一方面公共交通严重不足，地铁公交人满为患，另一方面相当部分人的私家车仅仅是上下班用一下，绝大多数时间处于闲置状态。住房也是如此，相当人口的住房处于闲置状态（因为有多套房），但更多人找不到合适的房子租赁。并非拥有多套房的房主不愿意出租，而是交易成本太高。如果出现了像蚂蚁租房类似的 App 软件，很多人就可能愿意出租自己的闲置住房。这是从现代化和城市发展的视角来分析共享经济的成因。但与之伴随的就是大量的法律问题随之出现。

（一）财产权的保护问题

第一，大量消费者的个人数据相关权利。在移动互联网和共享经济时代，尽管多数消费者没有意识到，但是数据本身成了最重要的财产权。作为共享经济的基础设施的共享平台，其基本服务都是免费的，比如微信、支付宝、百度等。单个消费者的数据对于消费者而言本身并无太大价值，但当平台公司搜集到了大量信息（成千万甚至上亿）之后，就产生了巨大的商业价值。但是作为这些数据的权利源头消费者们对于这些数据如何被处理并利用与商业价值是毫无知情的。对于消费者的数据的保护目前仍是一个法律空白地带。

第二，在共享经济时代，消费者不再追求商品或服务的所有权，而是获得商品和服务的使用权。那么围绕着商品和服务的使用，相关权利义务需要进一步界定。商品和服务的消费者的权利需要保护，比如蚂蚁租房的租房人的权利需要进一步加强，由于传统经济聚焦于商品和服务的所有权，系列法律规制亟待确立。

第三，商品和服务的供给者的权利也需要强化，比如共享单车的所有权人，蚂蚁租房的出租房人的权利。在共享经济中，由于出租人直接与租用者进行交易，而租用者仅仅用很低的费用就可以使用传统社会中很高的价格才能获得的商品或者服务，此时相关商品很容易遭到破坏。典型的就是共享单车和共享汽车很容易遭到一些素质不高的消费者的破坏。此时，如何建立一套保护所有权人权利的法律规则（且容易实现）就十分重要了。

第四，在共享经济时代，平台公司的地位显赫，其财产权利如何界定需要进一步明晰。比如支付宝，大量的沉淀资金沉淀在其中，那么这些资金的所有权人是属于支付宝平台还是消费者本人？共享单车的平台公司收取的大量押金，其所有权是否属于平台公司？

（二）是否与传统行业采取同等对待？

以滴滴专车和共享单车为代表的共享经济，为沉闷的公共交通行业带来了一丝新鲜空气。在老百姓普遍感到滴滴专车为自己带来便利的同时，滴滴专车与传统出租车之间的冲突成了社会的热点话题。尽管其在形式上表现为"人车分离"，互联网专车平台的实质是提供"人车合一"的客运服务，此类服务并不以运送团体旅客为目的，与传统的出租车行业极为接近。对于该商业模式的合法性，交通运输部以及各地规制机构的看法并不完全一致。[1]

交通运输部 2016 年 7 月 27 日通过了《网络预约出租汽车经营服务管理暂行办法》（以下简称《暂行办法》），同年 7 月 28 日国务院办公厅发布了《关于深化改革推进出租汽车行业健康发展的指导意见》（以下简称《指导意见》）。这两个规范性文件的出台标志着将中国的网约车纳入合法的通道中来。但是随后各个地方出台的实施细则则在态度上与交通运输部有较大不同，虽然承认网约车的合法性，但通过技术性的限制使得网约车受到大大约束。从目前上海、北京、广州等大城市网约车实施细则来看，

---

[1] 彭岳："共享经济的法律规制问题——以互联网专车为例"，载《行政法学研究》2016 年第 1 期。

主要是三个方面的限制。一是京籍京牌、沪籍沪牌，二是排量在 1.8L 以上，三是广州要求司机初中学历以上。对网约车的限制有两个理由：一个是安全问题；另一个则是大量外地网约车涌入本地进一步加剧了城市拥堵现象。

《暂行办法》最引发争议的还是其对从事网约车的公司和网约车设定行政许可实行特许经营的问题。如果将网约车视为传统出租车行业的网络化，则毫无疑问应该按照传统巡游出租车予以规制。但是现实中固然传统的巡游出租车也接入了滴滴打车软件，但滴滴打车中的主体并非巡游出租车，而是符合《暂行办法》的私家车。《行政许可法》第 12 条规定："……公共资源配置以及直接关系公共利益的特定行业的市场准入等，需要赋予特定权利的事项；""提供公众服务并且直接关系公共利益的职业、行业，需要确定具备特殊信誉、特殊条件或者特殊技能等资格、资质的事项；"按此公共资源和公共利益条款，维护出租车的垄断地位并限制网约车并非符合公共利益的需求，反而与普通民众的反应大相径庭。

（三）劳动权保护问题

共享经济在给普通民众带来便利的同时，也产生了相关的劳动保护问题。首先，共享经济第一个利益受损者就是传统的出租车司机群体。传统出租车行业尽管存在脏乱、态度不好、挑活、拒载等问题，但不可否认其是一个劳动强度很大，收入不高的行业。据笔者的经验观察，十多年前北京的出租车司机的收入较高，而且以本地人居多，后来出租车司机逐步变成城市郊区农民，后来变为外地人，工作强度大，份子钱高，收入每况愈下。网约车的出现无疑给出租车司机带来了巨大冲击。其次，网约车司机本身的劳动权益同样面临问题。随着政府对于网约车的逐步规范，虽然还存在相当多的兼职网约车司机，但大量的网约车司机是下岗工人再就业或者专职的网约车司机。而网约车司机的社会保障是没有法律保障的，因为共享经济本身决定了网约车司机是自由职业者，他可以随时接入网约车平台，也可以退出，因而作为服务提供方的一方并非共享经济平台的雇员。

平台和服务提供者之间是基于移动互联网技术之上的临时关系。在以互联网为主导的共享经济模式下，不确定性正在成为一种新常态，它将每一个劳动者还原为原子状态，整个世界笼罩在不确定性之中。[1]

（四）反垄断法问题

共享经济之所以一经出现，就如疾风骤雨般席卷全球，其背后正是有强大的资本推手。交通出行作为共享经济的先行领域，在我国之所以能够取得快速发展，离不开平台的巨额补贴，依靠实力强大的母公司以及巨额的市场融资……从而被消费者和司机接受和普及，并迅速占领市场。[2]以滴滴打车为例，之所以会有大量消费者和司机加入网约车中来，多是为巨额补贴所吸引。各个公司背后的资本大鳄为了抢占巨大市场，不惜投入巨额补贴烧钱。最后烧钱到一定程度，资本大鳄达成妥协，滴滴、快的合并，优步退出中国市场，滴滴打车一统天下。共享单车虽然还没有最终战出结果，但一些实力较弱的公司已经退出市场。这种新的商业模式之下，谁掌握的资源（包括资本和数据）越大，就越容易形成先占优势，那么一旦在市场中占据垄断地位，就可能利用自身的市场中的垄断地位来盘剥消费者。事实上，滴滴打车一统天下之后，之前的补贴和优惠就逐步取消了，其收费已经略高于传统出租车行业，走向中高端商务路线。

共享经济由于其依靠移动互联网和大数据，往往给人以技术创新的印象，再加上在国家大众创业的战略之下，其背后的市场垄断地位往往被消费者们所忽视。如何应对移动互联网和大数据时代的互联网垄断行为，现行法律规则体系需要思考如何应对。

（五）交通秩序

还是以交通出行领域为例，网约车和共享单车的快速崛起对交通秩序产生了巨大冲击。首先，网约车本来是对闲置资产的盘活，但在实践中，

---

[1] 徐新鹏、高福霞、张昕宇："共享经济的冷思考——以劳动保护为视角"，载《理论导刊》2016年第11期。

[2] 马强："共享经济在我国的发展现状、瓶颈及对策"，载《现代经济探讨》2016年第10期。

大量外地牌照的司机实际上来到大城市专职从事网约车工作，在便利市民的同时也进一步加重了大城市的拥堵现象。其次，由于平台公司（比如滴滴）为了抢占市场，在对从业人员的资质审查方面往往是宽松处理，使得一些有过犯罪记录或者不良驾驶记录的人也成为滴滴专车司机，这对于乘客而言就构成了生命和财产的风险，背离了滴滴专车中高端商务出行的初衷。最后，共享单车在资本的力量推动之下，快速进入市场，在大城市大量投放，但由于城市的基础设施还是之前建设的，没有为如此大量的单车设置停靠点，使得大量单车堆放在人行道甚至机动车道上，严重影响了公共交通秩序。

三、共享经济与城市治理

共享经济从滴滴打车入手，逐步拓展到蚂蚁出租、共享单车、共享汽车、共享别墅等多种行业，遍布于整个国民经济之中。前面已经论述了共享经济所产生的种种法律上的治理难题，但单纯从法律看法律，很难找到问题的解决途径。

其实多数学者都忽视了共享经济的重要前提，即城市化的高级阶段，超级城市和城市群的出现。尽管移动互联网和大数据从技术上为共享经济提供了平台，解决了信息不对称的问题，但是如果数据不够多，技术再好也不能实现供给方和需求方的有效匹配。所以大数据时代，大数据要发挥功能，前提是数据够多够充分，数据平台才可能进行分析和匹配。数据样本要足够大，那么作为数据提供者的人口就必须充分，而且是在一定空间内充分的聚集。现代城市的大发展，不断涌现出人口超过 1000 万的超级城市和城市群，为大数据提供了充分十足的数据基础。大量人口的聚集，而且是数百万上千万的陌生人聚集在一起，不同人的需求和资源都有差别，此时出现一个共享经济平台，能够在数秒中之内把完全陌生的两个或几个人的需求进行匹配，这就是一种巨大的创新。

但正是大量人口在有限空间中的大量聚集，而且是陌生人，来自不同的文化背景和生活环境（多数来自农村和小城市），带来了治理上的难题。因为这是一个急剧变迁的时代，再加上中国的人口规模和城市化进程，我们在几十年之内走完了西方国家 200 多年的城市化进程。这都使得我们的城市治理和法治必须立足于自身的这种特殊国情。类似于支付宝、滴滴打车、蚂蚁租房、共享单车之类的现象之所以在中国发展特别迅猛，与我们的国情和阶段有着必然的关系。正因为我们的快速城市化和人口基数特别大，使得大量涌入城市的人不可能都获得传统意义上的财产权（比如商品房所有权、汽车所有权）。正是因为现实很残酷，快速涌入城市的人又希望分享现代文明的成果，就不得不接受只拥有使用权的现实。共享经济则正好提供了这个平台，而且又是如此的便利，这使得大量需求一下子显现出来了。

由于传统法律规则是按照相对静态的社会来确立规则的，比如财产权、社会保障问题、公共交通行业垄断问题等。但随着现代超级城市的出现，大量人口快速涌入城市，而且这种趋势短期内仍然是不可以逆转的势头，不求所有但求所用的观点就必然产生。如果去比较东京、香港这些超级城市，就会发现年轻人租房会成为相当一部分人的选择。由于资源的短缺，目前的中国大城市无法向所有人提供均等化的公共服务（包括医疗、教育、住房等社会保障），而快速的城市化又使得大量人口涌入大城市而非小城镇，此时"大城市病"就出现了。

中国的城市治理者和法律规则体系必须接受一个现实：就是今天的城市公共服务和法律规则不仅仅是面向户籍人口的，而且是包括大量的流动人口在内的城市（因为越是大城市，流动人口所占比重越高，甚至占到一半左右）。对于这些户籍人口而言，固然可以采取传统静态的法律规则体系加以治理，但对于占到城市一半左右的流动人口而言，传统的绝对财产法不足以应对。比如对租房人权利的保护一直未受到现行法律规则体系的重视，使得住房本身附着的福利太多（比如子女上学、落户）等，逼得人们去买房。

近年租售同权规则的出台，对于房地产市场就产生了很强烈的冲击。如果对比德国的房地产市场，为什么年轻人没有那种毕业就买房的冲动呢？一个重要原因就是德国法律体系对于租房人的权利保护得非常严格，年轻人不会因为租房而随时被房东赶走，也不会因为租房影响落户、结婚生子、子女受教育等问题。对于租房人的权利保护实际上意味着城市治理从以传统的户籍人口管理向为居住人口提供公共服务转变。现代物权法的发展也是从以不动产为中心向以动产为中心的法律规则体系的转变。

伴随着快速城市化、超级城市和共享经济的发展，一个传统市场经济中次要的主体——共享经济平台将扮演核心的作用，比如阿里巴巴、腾讯、百度。在传统市场经济中，中介的地位是比较低的，但伴随着城市化和超级城市的出现，中介的地位越来越重要，尤其是当中介结合了移动互联网和支付工具并以平台的面貌出现，掌握了市场的绝大多数资源（集中体现为数据）时，围绕平台建立一套法律规则就显得迫在眉睫了。在平台主体的法律地位、权利义务关系等领域，目前的法律规则整体上是空白的，尽管在支付领域有一些规则。但是在民商经济基本法律规则领域，对于移动互联网和大数据的反应是非常不够的。因为伴随着超级城市的出现和共享经济的快速发展，把移动互联网和大数据仅仅视为传统经济的一种新的方式和渠道的观念已经远远落后了，必须及时调整。还是以支付宝为例，从存款数量来看已经远远超过所有股份制银行，直逼中国银行。中国人民银行最近酝酿的网联实质上就是对于共享经济在金融领域中快速发展的一种本能反应。但在整个制度层面对于共享经济的法律规范，目前还是远远落后于技术的发展。

四、超级城市视野下共享经济的法律治理

（一）国外对于共享经济法律治理的几种策略

面对超级城市的不断涌现，一方面各国的公共服务无法应对不断涌入城市的流动人口，另一方面这些流动人口也无力从市场上购买住房、汽车

等产品。此时共享经济应运而生,当移动互联网和智能手机兴起之后,由于交易成本的迅速降低,根据科斯定理,市场内在的需求被迅速引爆,同时也产生了大量社会治理问题。典型的就是共享单车、网约车所带来的对交通秩序的破坏。纵观各国,对于共享经济有三种策略:管制、禁止和鼓励。

一是新加坡模式,这些国家承认 Uber 等网约车的合法性,但对此进行严格监管,如规定价格不得超过本地出租车现行价格;二是法国模式,将其视为非法予以查处;三是美国模式,决定或立法实现了网约服务的合法化,使网约车平台可申请许可和合法运营,同时监管机构与网络平台共同实施监管。[1]这些国家对于共享经济的态度实际上有文化、法律传统和对互联网经济的态度等多方面的因素。

比如新加坡是一个受东亚儒家文明影响很深的国家,其法律传统也对于新的互联网经济采取保守姿态,但是新加坡作为一个小国,又有很强的危机感,面对互联网的快速发展,又不得不抱有开放试一试的态度,故而对共享经济是既承认其合法性,又严格管制,防止其冲击既有公交运输业秩序。相比新加坡,法国则是一个大国,而且是一个对法兰西文明甚为自信的欧洲大国,对于兴起于美国的互联网经济向来持消极态度,认为这种经济模式威胁了传统实体经济的就业和秩序,故而采取禁止模式。美国作为互联网经济的鼻祖和当今世界互联网时代掌握资源最多的国家,对于技术和商业模式创新向来是采取鼓励和保护的态度,与欧洲的福利国家理念不同,美国对于新兴商业模式从来都是尽量减少管制,促使其发展。

(二)超级城市视野下中国共享经济法律治理的现行策略

在共享经济快速发展之后,我国交通运输部对于共享经济的态度是模糊和摇摆不定的,而且还受到一些体制性的障碍。从最早交通运输部部长的禁止性表态,[2]到后来的态度大逆转,交通运输部的《暂行办法》对于

---

〔1〕 信息社会 50 人论坛:"从'网约车新政'透视转型期政府治理理念转变之必要性——'专车新政与共享经济发展'研讨会纪实",载《电子政务》2015 年第 11 期。

〔2〕 彭美等:"交通部长杨传堂:为了安全永远不允许私家车进入专车",载《南方都市报》2015 年 3 月 13 日。

网约车采取了接纳并限制的策略。以网约车为例，交通运输部的态度可以说属于新加坡模式，即管制。出于对新经济模式和万众创新整体战略考虑，以及民众和舆论的一边倒支持，交通运输部网约车新规取消了原征求意见稿中的道路运输证、道路交通从业人员从业资格的限制，并在车辆报废上取消了8年强制报废的规定，允许司机接入多个平台并与平台公司签订多种形式的协议。

事情的发展并未如民众预计，朝着鼓励的方向发展，而是朝着加强管制的方向驶去。因为中国的城市治理还存在一个宪制制约，即中央与地方关系，或者更形象地描述叫"条块关系"。国务院部门与地方之间既存在上下级关系，还存在协作关系。因为按照现行体制，国家部委（比如交通运输部）与地方政府之间并非一种直接的垂直领导关系。对于各个城市的交通主管部门而言，存在上级交通主管部门和地方政府两个主管部门，而这两个主管部门中，地方政府是直接领导者，对于城市交通主管部门有更直接的影响力。由于《暂行办法》明确规定具体细则由地方政府来制定，所以情况发生了大逆转。

各大城市出台的网约车新规实施细则给兼职司机带来了"灭顶之灾"。北京、上海、广州率先对车辆、司机的户籍进行了限制，并对车辆的型号、排量、轴距等指标作出了硬性要求。[1]地方政府的这些举措其实也情有可原。对于这些一线城市的治理者而言，人口不断膨胀的压力使得地方政府无力为如此庞大的人口提供让人满意的城市公共服务，所以地方政府面对网约车的态度，便是这些新经济是否有利于城市治理的改善。当一开始网约车出现时，地方政府是观望的，但随着资本推手的入局使得大量外地车和流动人口加入网约车，造成城市交通更加拥堵，而且造成了传统出租行业与私家车之间的冲突，并出现了大量安全事故以及法律纠纷时，地方政府的态度就逐步明确了：从观望转向严格管制。随之，结果就是大量兼职司机和闲置资产退出网约车市场，滴滴专车司机朝着专职化方向

---

〔1〕　详见《北京市网络预约出租汽车经营服务管理实施细则》第8、9条。

发展。[1] 紧随其后的就是 80% 以上的司机因不符合各城市网约车实施细则而退出市场，网约车价格上涨，且约车等待时间增加，约车难问题再次浮出水面。[2]

(三) 超级城市下中国共享经济法律治理的进一步思考

对比国内外关于共享经济的法律治理问题，法国模式对于新经济形式采取完全扼杀态度，保护传统行业利益，自然不可取，而新加坡模式秉承东亚传统文化，对共享经济和移动互联网仍然不够开放，也不是最佳选择。反观美国模式，则不仅承认其合法性，而且对其治理采取政府与平台共同治理之策略，值得借鉴。相比美国，中国又有其制度优势，比如美国此类事项只在少数州得到实施，而中国则已经在全国范围内承认了网约车之合法性。只是地方政府目前的城市治理思路仍旧偏向传统治理，使得网约车新政大打折扣。

第一，从观念上，要看到超级城市的出现是共享经济的基础性前提，人口的大规模聚集和流动是共享经济出现的原因，所以现代城市的治理和法治必须建立在大规模人口流动的新常态基础之上。如果将城市治理仍然建立在传统的静态社会基础之上，以户籍和土地为核心来进行城市治理，那么不仅共享经济的发展会受到很大影响，而且会导致大城市病的问题越来越严重。所以，第一个要解决的问题就是各个城市的管理者们要有现代城市的观念，而不是固守传统的静态城邦。

第二，建立以共享平台为核心的共享经济法律规则体系，对于其基本权利义务关系予以明确。在共享经济中，存在资产（或服务）供给者、消

---

[1] 郭传凯："共享经济属性的回归与网约车监管思路的选择"，载《山东大学学报（哲学社会科学版）》2017 年第 3 期。

[2] 事实上，根据笔者和很多滴滴专车乘客的体验，如果严格按照网约车的地方新政，滴滴专车则无法继续存活下去。为了规避新规（京籍京牌）对于网约车司机的限制，滴滴公司几乎对于非京籍司机被处罚后的罚款予以 100% 报销的政策。因为严格按照北京新政只有不到 10% 的网约车司机合乎要求，那么乘客原来因专车而获得的方便（即随叫随到）将不复存在。这说明不符合实际的规则在实践中往往会遭到规避。

费者、政府四个主体。政府作为最后的监管者当然要参与对共享经济的治理和监督，但是由于移动互联网技术和大数据均掌握在共享平台手中，由共享平台来作为治理和监督的主体，可能更为有效。当然政府作为最后的监管者可以接入到共享平台的数据中，保留随时介入的权力。但作为市场经济中的政府，如果大包大揽，可能因为本身缺乏足够的专业能力，让自己陷入尴尬的境地。

所以，基于共享经济以及其之所以成立的移动互联网和大数据，有必要制定一部共享经济基本法，对于共享平台、服务供给者、消费者、政府四方主体的权利义务予以明确。四方之中，共享平台拥有最大的信息优势，应该承担最大的责任。

第三，构建包括事前、事中、事后相互结合的共享经济治理系统。即便建立了共享平台为核心的共享经济法律规则体系，也只是解决事后法律责任的分配问题。而更有效的治理方法是防患于未然，所以对于现代城市治理而言，构建事前和事中共享经济治理体系则更为迫在眉睫。政府部门对网约车的监管可以分类为准入监管、价格监管、服务质量和安全监管三类，事前审批常常导致对事中价格、服务、安全监管的忽视。平台公司可设定灵活多元的准入标准，在经营过程中加强事中动态监管。[1]

第四，政府事前治理的主要手段则是通过设立准入监管、价格监管、安全监管等标准。以网约车为例，《暂行办法》主要聚焦于通过户籍车辆等传统方式来设立准入门槛。准入门槛固然快刀斩乱麻，但是既缺乏科学之论证，也有违反《行政许可法》之嫌疑。而在服务标准、安全监管等领域，政府之监管仍有很大的空间。政府要通过不断观察、调研共享经济的发展，不断完善准入标准、服务标准、安全标准等方面的监管标准。

同时，平台公司的事中监管应该承担其共享经济监督的重要作用。因为今天是一个技术日新月异的时代，很多传统社会的治理问题今天完全可

---

[1] 郭传凯："共享经济属性的回归与网约车监管思路的选择"，载《山东大学学报（哲学社会科学版）》2017 年第 3 期。

以通过技术手段来解决。比如共享单车的停放问题。由于共享单车的快速发展，大量单车被无序停放在人行车道和地铁出口等场所，给正常交通秩序带来很大不便。电子车库的出现就可以较好地解决这个问题。如果共享单车不停放在电子车库内，那么单车将无法上锁，也就不会停止计费。又比如支付宝的电子支付问题。由于支付宝是一个完整独立的支付系统，所以支付宝对于安全的要求就很高，他必须通过技术手段保障消费者的支付安全问题。同时支付宝还提供配套的支付宝账户险来为用户提供担保。类似的共享经济中涉及的消费者权益问题，如果能通过技术手段和平台自身的配套商业手段来解决的话，其效率会更高。相反，类似问题如果都要通过政府来解决的话，那么不仅成本十分高昂，而且效率也会十分低下。

第五，共享经济法律治理中的宪法问题。共享经济颠覆了传统社会中的资源配置方式。随着移动互联网时代和大数据时代的到来，未来的支付领域，银行卡已经可有可无，甚至手机这一媒介都可以被替代。这种技术上的快速发展进一步加大了大城市（尤其是超级城市）的吸引力，反过来进一步促进了人口向大城市和城市群的聚集。那么这对于中央政府与地方政府（包括不同等级的城市）之间的关系形成了有力的挑战。网约车新政就是一个典型案例。当代表中央政府的交通运输部出台网约车新政时，北上广深几个一线大城市为代表的地方政府与其他省会城市的细则的导向是不尽一致的。北京、上海的细则明确地实行限户籍限牌照，而其他二三线城市则通常不进行这种户籍限制。这实际上暗含了一个隐喻，一个城市的治理权力与其所治下的人口有某种正相关关系。这种权力实际存在，但在宪法规则中却并无明确授权。现实政治实践中，中国城市复杂的等级关系也造成了要在法律上明确央地关系的难度。是否在宪法规则上明确超级城市的城市治理上的更高的权力，这是一个需要审慎的问题。另外一个问题，如果赋予超级城市更大的地方自治权力，是否违反了宪法上法律面前人人平等的原则？在目前制度中，并没有规定直辖市的城市治理权力就高于省会城市，那么这种治理权力是否合乎宪法的规定呢？

第六章

法治视野下的生态治理能力研究

——从雾霾治理切入

　　雾霾是中国现代化过程中高能耗、高污染的粗放式发展的产物。解决雾霾的过程，并非一个雾霾原因调查然后关闭工厂这么简单的问题，其实质是生态治理能力现代化不足的问题。以雾霾治理问题来看，至少涉及多个制度，比如地方政府之间的关系问题，央地关系问题，就业问题和环境治理问题、中产阶级与工人农民的利益冲突等。从历史经验来看，通过行政的方式（朝令夕改的政策）无法解决雾霾问题，必须通过立法（广义的立法，包括法律法规，高层级的行政规范性文件），统筹考虑各个地区、各个阶层的利益，才能找到长治久安之道。

一、雾霾治理之困境

　　根据中国社科院和气象局联合发布的《气候变化绿皮书》可知，我国60%的雾霾来源于燃煤和燃油。钢铁、汽车和石化产业是我国城市化的支柱产业，在城市化过程中……生活质量，也促使环境治理成本不断攀升。[1]按照2013年国家的目标，到2017年，全国地级及以上城市可吸入颗粒物浓度比2012年下降10%以上，优良天数逐年提高；京津冀、长三角、珠三角等区域细颗粒物浓度分别下降25%、20%、15%左右，其中北京市细颗粒物年均浓度控制在60微克/立方米左右。[2]要彻底解决雾霾问题，必须弄清楚这

---

〔1〕 李永亮："'新常态'视阈下府际协同治理雾霾的困境与出路"，载《中国行政管理》2015年第9期。

〔2〕 参见《大气污染防治行动计划》。

场生态治理攻坚战中，困境究竟在哪？单纯从技术层面来分析是不够的，必须从制度层面来进行更广泛的思考，本章以下部分试图进行一些尝试。

（一）地方政府区际协同问题

北京的雾霾治理问题并非北京一个城市所能解决。如果用更大的视野来看，几个大的城市群都面临类似的问题。京津冀、长三角、珠三角都是同样的情况，只不过京津冀地区地位更加显赫，更容易引人注意。主要又表现为几个方面：

第一，地方政府之间缺乏信任关系。从协同治理的主体上看，良好的信任关系是实现府际合作的基础。然而当前府际合作的信任关系缺失促使地方政府自利性膨胀，"公地悲剧"时常发生。[1]基于多种原因，不同地方政府追求的目标不同，而且基于历史的原因，地方政府之间的协同往往很难展开。典型的案例就是京津冀区域协同治理。实际上，关于京津冀一体化的提法最早在 20 世纪 80 年代就已经提出。这些年京津冀一体化虽然也取得一些进展，但是体制和经济发展水平让这一进展十分缓慢。于河北而言，京津冀一体化一方面为北京提供了更多的堆置工业废物和生活垃圾的城外空间的同时，也为其提供了更多的人才、技术等高端资源。

第二，地方政府之间协同缺乏法律依据。中国的《宪法》和《地方各级人民代表大会和地方各级人民政府组织法》都只规定了地方政府的职能，而对于跨政府的公共职能没有明确的规定。这使得地方政府区际协同治理缺乏法律上的依据。此外，我国地方政府的运行机制是垂直进行的，对于官员来说只接受来自上级的指令，对于同级或低级政府的协同积极性不高。长期以来的行政规则和习惯使得政府官员对于同级政府之间的协调只是限于应付。

第三，最大的问题在于地方政府经济社会发展水平的差异（参见表6-1 和图 6-1）导致各个政府的关注度完全不同，导致区际协调治理困难。以京津冀为例，北京从人口、财富、产业结构等方面都已经向世界级大都

---

[1] 李永亮："'新常态'视阈下府际协同治理雾霾的困境与出路"，载《中国行政管理》2015 年第 9 期。

市迈进，天津则是二线城市中的龙头、工业发达的区域中心城市，但是河北大部分地区则处于刚温饱状态，大量地区和人口还是精准扶贫的对象。三者在经济社会人口发展水平上的巨大差异，使得各个政府的关注点完全不同。北京市的第三产业比重已经占到一半以上，市民更加关注生活质量，所以对于生态环境治理非常敏感。而就在咫尺之遥的河北，比如笔者曾经挂职的市县[1]（河北武邑），还存在大量贫困人口。包括老百姓和政府在内的整个社会氛围还是搞经济发展，认为环境生态治理还是经济发展到一定程度的事情。如果让他们关闭工厂，对于经济增长就可能产生大的负面影响。

表 6-1　2017 年上半年京津冀三产 GDP 占比表

	北京	天津	河北
第一产业	0.40%	0.98%	8.76%
第二产业	17.40%	44.92%	49.54%
第三产业	82.20%	54.10%	41.71%

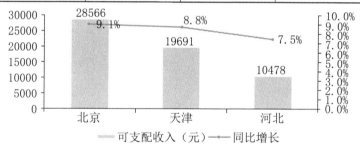

图 6-1　2017 上半年京津冀居民可支配收入表[2]

（二）央地关系博弈

生态治理问题陷入困境的第二个原因，就是中央与地方的博弈。以雾

---

〔1〕 笔者受组织委派，于 2016 年 3 月至 2017 年 5 月挂任中共河北省衡水市武邑县县委常委，负责精准扶贫相关工作。

〔2〕 表 6-1 和图 6-1 数据来源：中商产业研究院整理，载 http://master.10jqka.com.cn/20170804/c599438939.shtml，最后访问日期：2017 年 10 月 19 日访问。

霾问题为例，中央政府和地方政府的利益追求是不一致的。中央政府考虑的是整个国家的生态环境问题，而地方政府（集中体现为政府官员）更多考虑的是地方经济发展。由于中央政府与地方政府之间的信息不对称，那么地方政府在执行中央政府的政策时，会选择对自己有利的政策去执行。"我们在河北省县乡村各级政府部门的大量调研发现，党的十八大以来，全面深化改革小组几乎每一两个月都有新的文件和政策出台，但是真正落地到县乡政府的很少。……政策文件精神，真正实施法律规则和政策文件的是县乡政府和村委会。"〔1〕实际上由于生态治理问题是一个事关全国的问题，在这个问题上只有中央政府才可能加以协调解决，所以中央政府在生态治理问题的解决上，也是不断在试图提升中央政府的权力。然而，在一个中央政府之下，各个地方政府则会追求自己的利益最大化。"在生态治理中，拥有相对独立利益结构的地方政府与中央政府之间呈现出深刻的利益冲突。……地方政府官员个人晋升微观政治利益和体制内软约束有关，还与地方政府行为短期化与届别机会主义倾向的经济行为有关。"〔2〕以京津冀为例，北京在生态治理问题上把自己的利益追求放在核心的位置，所以把首钢搬到了曹妃甸，并且逐步把高污染产业都转移到河北和天津。但是一旦涉及自己的核心利益，北京市则很难行动。比如建筑产业污染、机动车尾气污染是造成雾霾的一个重要因素，但由于涉及北京市的重大经济利益，北京市对此的控制并不积极。

（三）经济发展和生态治理之间矛盾

中国是一个政治经济发展不平衡的大国。〔3〕毛泽东同志在 80 年前讨论中国革命中的基本国情时的这一论断仍未过时。东中西部地区的经济社会发展水平差异极大，即便是一个省内部各个地市县之间的差异也很大。

〔1〕 张学博："税收法定原则新论：从绝对主义到相对主义"，载《上海财经大学学报》2016 年第 4 期。

〔2〕 余敏江："论生态治理中的中央与地方政府间利益协调"，载《社会科学》2011 年第 9 期。

〔3〕 《毛泽东选集》（第 1 卷），人民出版社 1991 年版。

尤其是当多数省份都还存在大量的市县停留在温饱层面，此时生态治理和就业问题之间就存在一定的冲突。比较典型的案例还是京津冀的雾霾问题。河北的钢铁产业是造成城市雾霾的重要原因，但从经济发展和创造就业的角度看，钢铁产业的进驻和发展目前是河北短期内无法摆脱的。首钢被搬到曹妃甸后，河北的钢铁产业成了全国首屈一指的产业，推动了当地GDP（国内生产总值）的提升。与此同时，京津冀一体进程中，本地的高新技术人才大量往北京天津流动，留下了文化程度较低的农民工人，而同时引进的高耗能传统产业恰好为这些只能依靠付出初级劳动力来养家糊口的工人提供了相匹配的就业岗位。进行产业结构调整是生态环境治理的必要步骤，产业结构调整就必然带来传统产业工人的大批下岗，若政府无法使这批失业人群尽快再就业，就会带来巨大的社会问题。

　　笔者挂职的衡水地区也存在类似的困境。即便是在知晓化工产业对环境和人身会带来巨大污染和伤害的情况下，出于生计所需，当地相当部分居民仍然争先恐后地前往化工企业工作。[1]同样的问题在珠三角地区也存在。传统行业对于劳动力文化程度要求不高，虽然会破坏环境，但可以解决大量就业问题。所以，中国的产业转型升级之难的一个重要原因就是现阶段的劳动力结构中大量的较低文化素质的农民工群体。不解决其就业问题则会产生社会稳定问题，但要解决其就业问题，往往依赖一些传统高污染行业。这也是为什么网约车新规会导致公众舆论如此之大的反应的原因。[2]

────────────

　　[1]　据笔者调研发现，冀衡化工工作超过一年的妇女可能导致不孕，但因为冀衡公司的薪酬要比衡水市普通企业平均工资高50%以上，还是很多人愿意去干。这种情况在河北很多地市都存在。笔者在邯郸地区调研时也碰到类似情况。传统化工企业对于环境和人的生理都会造成巨大伤害，包括癌症等疾病，但是对于这些地区而言，解决生计问题仍然是首要问题。

　　[2]　目前很多因为产业转型升级或者企业破产导致失业的工人，都转向了滴滴司机或者快递行业。根据笔者调研发现，在北京开滴滴快车的司机（尤其是晚上）大多是来自河北、东北的外地人。外地人为主体的网约车司法对于大城市的监管也会产生不少问题，所以这次几大城市网约车新规实际上也是多种矛盾的表现。对于本地人来说，确实有加强网约车监管之必要，因为安全保障等因素，但对于整个社会而言，只有大城市才需要这么多的网约车司机，才能创造这么多的就业岗位。

（四）社会阶层之间的矛盾

改革开放 40 余年来，我们已经远离了"阶级斗争为纲"的时代，但是不可否认，随着经济社会的发展，社会还是分层了。而且这些年，这种分层呈现出愈演愈烈的趋势。一个极端的比喻就是如郝景芳把北京分成三个空间，[1]每个空间的人拥有不同的时间。本来大家都是平行线，互不干扰。但是当出现了雾霾这种需要三个空间共同面对的问题时，就会产生冲突。极少数人（上层空间）他们在房子和车里都装上最先进的空气净化器，甚至在雾霾时离开雾霾的城市。处于社会中产阶级的干部和工人（工薪阶层）是对雾霾最敏感的人群。他们已经摆脱了温饱的阶段，接近追求小康的阶段，他们追求生活的品质，从事体面的职业，希望在优美的环境中工作。但当城市出现雾霾时，作为工薪阶层他们又无法向少数人那样摆脱这个城市，所以他们急切希望改变这个环境。当雾霾的真实原因一直没有一个权威机构给予一个令所有人信服方案的时候，中层阶级往往把矛头指向围绕在北京周边的钢铁等传统行业所进行的污染物排放。而对于与自身利益紧密相关的机动车污染排放则视而不见，反而对北京市等大城市实施限购进行强烈批判。一些专家也发表观点认为限购侵犯了民众的财产权和平等权。[2]但反过来说，拥有机动车的人对空气排放污染物是否也侵犯了其他没车的人的环境权和平等权呢？

以上，仅仅是笔者对于以雾霾为代表的环境问题进行生态治理所面临的制度困境的一种展开，真实的问题并不局限于这四个维度。但即便这四个维度也足以表达生态治理的复杂性。而要解决环境问题的生态治理的过程，实际上也就是一个生态治理能力现代化的过程。

---

〔1〕《北京折叠》是科幻作家郝景芳创作的中短篇小说。该小说创造了一个更极端的类似情景，书里的北京不知年月，大概在 22 世纪，空间分为三层，不同的人占据了不同的空间，也按照不同的比例，分配着每个 48 小时周期。2016 年 8 月 21 日，《北京折叠》获得第 74 届雨果奖最佳中短篇小说奖。

〔2〕所以，权利的背后实际上是利益问题。中产阶级认为限购侵犯了自己的财产权，但对于机动车排污导致空气质量降低、环境破坏是否侵犯其他人的环境权却视而不见。

二、生态治理之现代化不足的具体分析

四个维度的生态治理问题，实际上从某种意义上印证了以雾霾问题为代表的生态治理的复杂性。雾霾问题的难以治理也暴露了中国生态治理能力的前现代问题。这实质上是一个制度问题，即政府与政府之间的关系、政府与民众的关系、民众与民众的关系问题。所以，生态治理的现代化实质上是要求整个制度的现代化。从历史视野来看，伦敦雾霾的解决也是伴随着国家的现代化和法治的基本完成而解决的。[1]从伦敦雾霾的解决就可以发现，现代化的过程的实质就是一个大规模立法和法治的过程。

（一）政府内部的现代化与法治

政府之间的关系缺乏法律规则。具体说，又表现为纵向和横向两个方面。纵向的政府之间的关系就是中央与地方的关系。横向政府的关系则是各个地方政府（比如省级政府、市级政府）的关系。由于中国是一个政治、经济发展不平衡的大国，所以多级政府是一个必然的问题。无论采取何种形式，只要不是极小的城邦，历史上任何国家都必定存在某种形式的纵向分权，即在不同层级的政府之间配置不同的治理权力。[2]历来中国社会都有一个"天下大势，分久必合，合久必分"[3]的传统。贯穿中国几千年的历史就是中央与地方之间博弈的历史。直到今天，中央与地方的关系仍然没有到非常稳固的地步，[4]这也使得中央在对央地关系的法治化上非常慎重。像中国这样的复杂政府层级在全世界是比较罕见的。虽然宪法规定了五级政府，但是有很多例外情况。比如直辖市就只有三级政府。即便在同一个直辖市内部，还存在区县的差别。区县下面又分为街道办事处和

---

〔1〕　左长安等："伦敦雾霾控制历程中的城市规划与环境立法"，载《城市规划》2014 年第9 期。

〔2〕　苏力："当代中国的中央与地方分权——重读毛泽东《论十大关系》第五节"，载《中国社会科学》2014 年第 2 期。

〔3〕　（明）罗贯中：《三国演义》，时代文艺出版社 2003 年版，第 1 页。

〔4〕　因为中国的领土问题还没有完全解决，比如台湾问题。巩固中央权威仍然还有十分重要的意义。十九大报告再次强调要加强党中央权威和集中统一领导。

乡镇。街道办事处并非一级政府，而乡镇则是一级政府。[1]所以以北京市为例，像东城西城几乎是二级政府，而朝阳、平谷等区则包括乡镇，实际上是三级政府。

另外一个问题就是横向政府的关系问题。过去几十年学术界过度关注立法权、行政区和司法权之间的关系，而对横向政府的关系问题关注不足。但横向的政府关系在生态治理问题中表现得非常突出。横向的政府关系，不仅包括同级的省级政府之间关系，同级的市级政府之间关系，同级的县级政府之间关系，还包括普通省级政府与直辖市政府的关系。因为中国的政府横向关系的背后还存在一个行政层级关系。还以京津冀雾霾治理为例。河北是面积最大的一方，但其是议价能力最小的一方，因为他的行政层级最低，而北京、天津都是直辖市，直辖市的一把手则是中央政治局委员。所以河北与北京天津的博弈中处于弱势的一方。这还是形式意义上的，更实质的问题则是横向的政府之间关注平台形式，但对于平台能否取得实质性合作成果并不十分关心，即缺乏实效。[2]以京津冀一体化为例，新闻报道成立的协调平台不论从规格到形式都很多，但自中央提出三地一体化之后，三方的实质性进展并不很大。这里面有多个原因，一个是地方保护主义；另一个则是地方官员更重视平台和新闻效应，而对于平台之后究竟产生多少实效并不是非常在意。

（二）政府与民众之间的关系

政府与民众之间利益的平衡实际上是一个国家制度中最核心的问题之一。近年来，因为环境生态问题产生的群体性事件，很多不是通过法律来解决的。民众主要通过群体性事件或者网络舆论来表达，而政府则以各种行政手段或宣传手段来解决。典型案例就是厦门 PX 事件。市民采取散步的群体性行为来表达自己的意见，最终政府因为民众反对而将该项目移到

---

〔1〕 胡鞍钢、魏星："城乡分制、政府层级与地区发展差距"，载《南京大学学报（哲学·人文科学·社会科学版）》2010年第1期。

〔2〕 战丽娜："区域视角下地方政府间横向关系调适"，载《人民论坛》2016年第14期。

漳州。之后又相继爆发了宁波 PX 事件，茂名 PX 事件。不断爆发的生态群体性行为暴露出政府与公众在表达自己意愿和处理两者之间关系时仍然缺乏理性和规则意识，仍然没有找到一条现代化的道路来处理公共事件。

（三）民众之间的关系危机

第三个问题就是民众之间的利益冲突。前文已经分析，随着市场经济的发展，整个社会的财富总量巨大，但社会利益却分层了，即各个社会阶层在面临社会问题时利益已经不一致了。比如延迟退休的问题，公务员和知识分子就可能比较支持延迟退休，而工人群体则会反对延迟退休，但是制定政策的是公务员和知识分子。西方社会蓝领工人的比例较低，中国社会中蓝领工人比重高达 60% 以上，所以延迟退休所产生的社会问题是不同的。

雾霾问题也是如此。大城市的中产阶级倾向于支持关闭所有的高能耗企业，但对河北地区的产业工人而言，在生存和温饱面前，空气质量问题就不是那么重要和迫切了。甚至很多产业工人本身所处的环境就很恶劣，所谓雾霾相比他们所处的环境而已，就不算什么，转基因问题也是如此。专业人士与非专业人士之间的分歧巨大。但是似乎谁也无法说服谁。如果更深入一步探讨，则是社会的断裂问题。既包括城乡二元社会断裂问题，也包括城市市民内部的分层问题。即城市和农民之间有一条巨大的裂痕，而在城市内部则存在多种分层和利益博弈。[1]越是大的城市，就越是外来移民占主导的城市，所以本地人与外地人不可避免存在各种各样的利益冲突。以北京为例，围绕教育、环境、交通等资源，本地户籍人员与外地人之间存在冲突，而在北京户籍人口内部，也存在一代、二代、三代问题。比如在子弟幼儿园中，不同的北京户籍人口所享有的资源是不同的。而在幼儿园、小学到中学的系列教育资源竞争中，户籍、房产甚至集体还是个人户等都会成为享有资源的变量。学区房就是一个典型案例。由于存在按

---

[1] 孙立平：《博弈——断裂社会的利益冲突与和谐》，中国社会科学文献出版社 2006 年版，第 19 页。

照学区房派位问题，所以北京的学区房价格不断疯长。[1] 到目前为止，面对民众之间的重大社会问题（包括生态问题）的分歧时，还没有一条有效途径来获得有效共识。

三、法治视野下中国生态治理现代化之现实路径

从京津冀雾霾问题入手，我们管中窥豹，可以得出一个基本结论：中国的生态治理问题从表面上看是经济社会发展所引发的人与自然之间的冲突，但实质上还是生态治理失范的结果，其根源是一系列内在的制度问题，具体又包括政府内部关系问题，政府与民众利益平衡机制，民众之间利益冲突纠纷解决问题三个大的方面。从历史视野中看西方国家解决生态问题的经验，如果要真正取得长久之治，要从法治入手，统筹考虑社会各阶层利益，才可能较好解决诸如雾霾、工业污染、水污染、打车难等单独看起来并不大却牵一发而动全身的生态治理问题。

（一）通过政府组织法及行政程序法来实现政府关系的现代化

目前政府关系的现代化集中体现为要走向法治化，也就是要科学立法和依法行政。随着现代科技的发展和风险社会的到来，行政权力的扩展成为不可阻挡的趋势。当面临类似雾霾这样全球性的生态治理问题时，政府之间的协调不可避免。而对于中国而言，内部地方政府的关系急需宪法性法律来规范。现行《地方各级人民代表大会和地方各级人民政府组织法》（以下简称《地方政府组织法》）第69条第1款规定："地方各级人民政府对本级人民代表大会和上一级国家行政机关负责并报告工作。县级以上的地方各级人民政府在本级人民代表大会闭会期间，对本级人民代表大会常务委员会负责并报告工作。"也就是说现行《地方政府组织法》只规定了一般情形下地方政府与上级政府之间的关系，而对于同级政府之间的关

---

〔1〕 这产生了一个很有意思的现象，就是很多名校毕业的高学历人才，在北京工作之后，由于买不起学区房，导致下一代所享有的教育资源可能还不如自己在家乡所就读的幼儿园、小学资源。

系如何处理则无相关规定。这样造成的结果是，两个同级地方政府如果要协调应对一个问题，则需要更高级的共同上级政府来协调。唯一的例外是《突发事件应对法》对突发事件的政府关系进行了规定。《突发事件应对法》第 7 条第 1 款规定："县级人民政府对本行政区域内突发事件的应对工作负责；涉及两个以上行政区域的，由有关行政区域共同的上一级人民政府负责，或者由各有关行政区域的上一级人民政府共同负责。"如此，如果是突发性生态事件，则可以此两部法律为依据协调。但是突发事件处理时的政府关系协调是否可以移植到类似生态治理等常态治理政府行为中来，则需要相关法律予以明确。政府关系的现代化，除了纵向政府关系和横向政府关系的规范外，还要有一部行政程序法对于行政行为的程序性一般规则进行规定。

在理顺政府之间的关系时，通过财政制度的法治化是一个有效的切入点。首先，理顺中央政府与地方政府职责关系，明确区分中央事权、中央和地方共同事权，特别要注意加强中央宏观调控方面的职责。[1]在此基础上，对于政府之间的财政转移支付要予以法治化，为政府之间的协调（包括纵向和横向的协调）提供制度保障。

（二）通过社会治理法治化来构建政府与民众利益的平衡机制

现行机制下，政府与民众利益的平衡是以一种非常态的博弈的方式在进行。比如厦门、宁波、茂名等地爆发的 PX 项目事件，就是典型的案例。一方面，信访成为极具中国特色的民众表达自己意志的渠道。信访工作是党和政府密切联系群众、了解社情民意的重要渠道，人民群众通过信访渠道反映问题、提出意见，也寄托着对党和政府的信任和期望。[2]但另一方面，老百姓采取信访方式而非法律渠道解决自身利益问题，也使得法律被

---

〔1〕　于健慧："中央与地方政府关系的现实模式及其发展路径"，载《中国行政管理》2015年第 12 期。

〔2〕　中共中央办公厅、国务院办公厅印发的《信访工作责任制实施办法》，首次对信访工作各责任主体的责任内容进行了明确规定，厘清了许多实践中理解不一、难以界定或把握不准的问题。参见张璁："在信访之初就把责任压实"，载《人民日报》2016 年 10 月 27 日。

"空转"。长时间下去，政府与老百姓之间的利益机制始终处于博弈之中。典型的如拆迁问题，或者生态补偿问题等，当老百姓发现钉子户总是最大的获利者之后，很多人就会群起仿效，对于自身利益有无穷期待，使得问题越来越大。只有通过比较刚性的法律规则对于政府与民众之间的利益平衡问题进行一个相对稳定的规制，并且严格遵守法律规则来"一碗水端平"，才能使得政府在应对生态治理问题时，高效、长久。

信访制度本身具有人治色彩，而社会治理本质上是以法治为导向的，通过法治实现社会治理的规则设置，所以社会治理体系最终是以法治化的形态呈现出来的。〔1〕现实中的信访制度已经被异化为一种分利机制。多种利益群体通过信访制度来实现其非正常的利益诉求。所以对于信访制度的定位应该是一种补充性反映社群民意的渠道，应该逐步剥离其权利救济的职能，让权利救济的渠道回归司法途径。应该将《信访条例》在进行大幅度修改基础上升级为法律，并且在条文中明确其职能并非为权利救济，让其功能更多定位于反映社群民意、参政议政、权力监督等。〔2〕通过《信访法》的出台，引导群众逐步摆脱通过信访维权的方式，逐步转向司法途径。同时也要通过司法体制改革，增强群众对于公正司法的信心。

十九大报告明确提出："打造共建共治共享的社会治理格局。加强社会治理制度建设，完善党委领导、政府负责、社会协同、公众参与、法治保障的社会治理机制，提高社会治理社会化、法治化、智能化、专业化水平。加强预防和化解社会矛盾机制建设，正确处理人民内部矛盾。"通过制度，尤其是法治的方式，对社会治理建立长效机制。

（三）通过人大主导立法来实现企业、民众之间的关系平衡

随着经济社会的快速发展，社会分层问题成为一个非常现实的问题。整个社会可以区分为很多阶层，典型的如农民、农民工、工人、私有企业

---

〔1〕 张红、王世柱："社会治理转型与信访法治化改革"，载《法学》2016 年第 9 期。
〔2〕 唐淑凤："从经验到原则：解读信访工作新理念"，载《社会科学辑刊》2012 年第 4 期。

主、知识分子、官员、自由职业群体等[1]。而在每个大类里面，又可以具体分为很多小层。比如官员又可以分为高级干部、中级干部、普通干部；企业主可以分为大企业主、中级企业主和小企业主。依据农户与土地的关系，可以将农村作如下阶层划分：脱离土地的农民阶层、半工半农阶层、在乡兼业农民阶层、普通农业经营者阶层、农村贫弱阶层。不同阶层的农民对土地收入依赖程度、对土地流转的态度、对待乡村秩序的态度也不尽相同。[2]对于发展经济和环保问题，不同社会阶层的人的态度就会完全不同。因为一旦为了环保把工厂拆了，但他们很难转移到其他地方。如果发展新的产业，很可能不会再雇佣企业原来的工人，这也是一个很大的问题，甚至有可能变成一个相当尖锐的问题。[3]这就使得问题变得非常复杂。中产阶级会坚定地支持环境保护，加强环保执法力度，开征环境税，并且提供环境税率，关闭高能耗的产业。相反在企业打工的农民阶层则会首先考虑自己的生计问题，支持能够解决自己就业问题的企业，比如河北的钢铁企业。即使在农民内部，各个阶层的利益和态度也不完全一致。那些掌握熟练技术的工人或者容易迅速转行的农民则对企业关闭持中立或支持态度，但是那些只能靠体力工作的农民则会强烈反对唯一可能给自己提供就业机会的高能耗企业。此时，作为执政的党和政府就须有一套成熟机制应对，能够较好地平衡各个社会阶层的利益。那么最后的方式就是立法。[4]

通过一套有效机制或规程来解决全社会遇到的生态治理问题，就是法治，就是生态治理能力的现代化。具体说来，目前比较现实的路径就是落实人大主导立法权及其配套制度建设。逐步改变目前由国务院各部委主导立法的现状，由全国人大各专业委员会来主导立法。即在多数立法

---

[1]　杨继绳：《中国当代社会阶层分析》，江西高校出版社2013年版，第3~4页。

[2]　贺雪峰："取消农业税后农村的阶层及其分析"，载《社会科学》2011年第3期。

[3]　苏力："社会转型和中国法治"，载《经济导刊》2015年第5期。

[4]　这里的立法是广义的立法，不仅局限于法律法规，也包括确立规程和规矩。比如，兰州大气污染的治理过程中，大量的工作规程，也可以被视为广义的立法。

中，应由全国人大相关专业委员会来牵头并主导，由相关部委和科研机构及专家来配合。要实现这种全国人大主导立法的目标，则需要逐步实现全国人大常委会的相关委员会的专业化，并增强其人员配备。除此之外，还要逐步实现公开立法，广泛向社会征求意见，实现程序上的公正和民主。

（四）环境权平台体系的构建

民众之间关系平衡问题实质上就是各种民众的权利之间方式冲突的问题。在生态治理领域，其核心问题就是环境权问题。通常认为环境权是由人格权、财产权、相邻权等权利救济之局限而演变出来的一种新型权利，其权能包括"环境享受权能、环境使用权能、环境收益权能、环境处理权能"。[1]而在某种意义上，环境权也是一种财产权。部分中产阶级以上的社会阶层更加注重自身的环境权，而社会底层和那些还未转型升级的企业则更加关注自己的环境生存权。单纯地从道义要求后者作出牺牲是不合理的。

实际上，世界上没有免费的午餐。当不同民众群体的权利诉求不同时，可以考虑由政府通过法治的方式提供一个权利交易平台。如果将环境权也视为一种可以交易的财产权的话，那么是否可以考虑通过建立一种交易平台来解决这种不同社会阶层的财产权冲突。比如在京津冀鲁建立统一的碳排放交易平台（或者钢铁生产量）。如果中产阶级希望钢铁企业减产，可以通过在交易平台上购买钢铁生产指标的方式来实现自身的环境权。[2]而钢铁企业可以通过出售钢铁生产指标来完成职工安置，并逐步实现技术升级和转型升级。

通过交易平台来实现不同利益群体的权利转换是一种思路，而另外一种思路就是采取环境税的方式来实现这种转换。现有的环境保护税仅仅是

---

〔1〕 蔡守秋："论环境权"，载《金陵法律评论（春季卷）》2002年第1期。

〔2〕 当然这里有一个前提，就是钢铁生产是产生环境破坏（雾霾）的主要原因。如果有其他原因，可以采取类似的交易平台方式。

对排污费的一种升级，而真正意义上的环境税则是更广义地针对一切损害环境的行为进行课税。通过税收的方式对损害环境的行为进行抑制，并将由此而获得的环境税用于改善环境和提高普通工人的社会保障水平，也是一种比较现实的解决生态治理问题的思路。

第七章

中国房产税改革的法律框架研究
——从房产税立法的历史考察切入

从 1986 年的《房产税暂行条例》到 2011 年重庆上海进行房产税试点改革，再到十八届三中全会决定提出推进房地产税法改革，经历了从政策试点再到税收立法思路的转变。沪渝的房产税试点，除具有破冰意义之外，还可归纳出房产税三大功能，即完善地方税制、组织财政收入替代土地财政，收入再分配。另外，沪渝房产税之教训也告诉我们，房产税改革必须运用法治思维和法治方式统筹推进。本章对过去 30 年房产税的立法之实践予以历史之考证，并对比韩国、德国、美国的房产税的立法实践，力图为推进房产税之改革与立法提出现实可行的策略。

一、引言

（一）现有研究综述

关于房产税立法的相关研究，学术界现有研究主要包括三个方面的内容。

第一个方面是对自 2011 年以来重庆、上海两地房产税试点的效果进行实证研究，并在研究基础上得出是否应该继续推开的结论。这方面典型的研究包括谭荣华、温磊、葛静的《从重庆、上海房产税改革试点看我国房地产税制改革》；王宗涛、熊伟的《我国房产税试点改革问题：政策的适用性分析》；陈晴的《重庆房产税改革试点中的征管困境：成因与启示》等。[1]法学学者对于房产税立法试点的相关研究重点关注其合法性，其结论也多要求未来房产税立法应该遵循税收法定主义之原则，多数对于房产税立法持积极态度。另有一些经济学者多从试点的经济效果对试点进行了研究，结论却不尽一致。有学者就认为：相当一部分的低收入家庭无力支付税款。房产税作为地方税主体与普通家庭税款支付能力不可兼得。[2]"房产税试点显著降低了试点城市的居民消费倾向和居民发展型消费支出，且对居民发展型消费的影响力度更大。"[3]简言之，经济学者多数对于房产税持消极态度，认为房产税会抑制消费，且无法成为地方主体之税种。

第二个方面则是横向地比较国外房产税相关制度，结合中国之国情再分析是否应该全面开征房产税。典型论文包括米旭明、黄黎明的《美国房产税减免制度的演进及其政策启示》，魏呈呈的《英美德日韩房产税经验借鉴与启示》。[4]他们的主要观点是：如果中国要全面开征房产税，则需要仿效美国，建立配套的房产税减免制度，否则会不符合量能课税之原则。

第三个方面的研究则着眼于房产税立法的价值追求，力求从宏观层面对房产税立法进行顶层设计。有学者认为："推进税制改革的过程应当同时是落实税收法定原则的过程，而房产税改革最需要、也最适合立法，有望成为其突破口。"[5]"在房产税立法之前，搞清楚立法目的、立法依据和

〔1〕　参见谭荣华、温磊、葛静："从重庆、上海房产税改革试点看我国房地产税制改革"，载《税务研究》2013 年第 2 期；王宗涛、熊伟："我国房产税试点改革问题：政策的适用性分析"，载《河南社会科学》2013 年第 3 期；陈晴："重庆房产税改革试点中的征管困境：成因与启示"，载《广东社会科学》2017 年第 4 期等。

〔2〕　刘金东、丁兆阳："我国城镇家庭的房产税支付能力测算——兼论房产税充当地方主体税种的可行性"，载《财经论丛》2017 年第 6 期。

〔3〕　李俊松、王军："房产税是否抑制了居民消费——基于沪渝改革试点区的 DID 分析"，载《消费经济》2017 年第 3 期。

〔4〕　参见米旭明、黄黎明："美国房产税减免制度的演进及其政策启示"，载《经济学动态》2016 年第 8 期；魏呈呈："英美德日韩房产税经验借鉴与启示"，载《财经界》2016 年第 5 期。

〔5〕　刘剑文、陈立诚："论房产税改革路径的法治化建构"，载《法学杂志》2014 年第 2 期。

立法模式是首先面临的问题。"〔1〕

总之，学术界现有研究围绕房产税立法的立法目的、基本原则以及重庆、上海试点的经济社会效果均展开了大量研究，其中既有规范意义上的价值分析，也有从数据和经济效率方面的实证研究。对于重庆、上海试点的积极和消极影响都有了初步的研究，也对国外相关制度进行了一定介绍。然而总体来说，现有研究多数都聚焦于房产税之效果和数据，着眼于当下和局部，缺乏在更纵向的历史视野中的深入研究。而且国外之制度参考局限于英美，没有考虑文化因素，适当参考同属于东亚文化圈之韩日税制。

（二）本章之创新点

第一，从纵向历史的视野切入。尽管早在 1951 年政务院公布了《城市房地产税暂行条例》，但当时的土地所有制与今天不同，所以当时采取房地税合一的房产税制度。而今天的土地为土地公有制，故今天我们考察房产税制度，宜从 1986 年开始。1986 年 9 月 15 日，国务院发布《房产税暂行条例》，首次是以授权立法的形式对房产税的课税要素进行了规定。这实际上是开启了土地公有制基础上房产税之先河。基于中国土地公有制，所以这次税制改革确立的思路是房地税分离。

1986 年《房产税暂行条例》规定，个人所有非营业用的房产免征房产税。〔2〕但是免征不同于不征。不征是指按照法理本就不该课征，而免征则是指因为国情或者政策暂时不予以课征。从这个意义上讲 1986 年《房产税暂行条例》就已经留下了个人非营业住房开征房产税的伏笔。只是这个暂行条例暂行了 30 年，也未见转正。房产税再次引起政府和个人重视是在房价快速上涨背景之下政府试图用此来调控房价。2009 年，国务院决定开启房产税试点改革，沪渝两市于 2011 年率先开展房产税试点改革。〔3〕不

---

〔1〕 张守文："关于房产税立法的三大基本问题"，载《税务研究》2012 年第 11 期。

〔2〕 参见《房产税暂行条例》第 5 条第 4 款。

〔3〕 参见刘佳："房产税法的演进及其功能定位与制度设计"，载《求索》2014 年第 5 期。

论个人非经营性住房房产税试点（房产税试点）的调控效果是否成功，都不可否认房产税试点的直接原因是调控房价。但是随着经济形势的发展和整个社会对于房产税进一步不断白热化的讨论，对于房产税的改革思路已经与 2011 年试点改革时大不相同。本章拟从历史法学之视角，从 1986 年暂行条例启动的房产税立法进行深入之探讨，对其经验教训予以深入之分析和总结，拟对正在激辩之中的房产税改革有所裨益。

第二，对重庆上海房产税试点的积极意义重新审视。由于房产税属于典型的财产税，与每个公民的财产密切相关，几乎所有人都卷入这场讨论中来。因为房产的所有者几乎都是中产阶级以上人员，所以对于房产税的讨论越来越深。主要包括以下几个方面。房产税试点之上位法依据是否充足？房产税试点是否与《立法法》（2015 年）冲突？上海、重庆的房产税试点是否已经失败？房产税能否调控房价？如果不能调控房价，是否有必要开征？房产税立法模式是修改《房产税暂行条例》，还是另起炉灶，制定新法律？现有研究对于重庆上海房产税试点的实证研究多是负面居多。而本章则聚焦于其试水意义和破冰价值，从纵向的历史观来分析其积极意义，关注其对普通公众产生的积极影响。

第三，借鉴域外制度时考虑文化背景。现有研究在考察国外相关制度时，通常都是以美国为范本，仿佛只有美国税法有可以借鉴学习之处。美国的税制虽然强大，但其有很多我们无法比拟的配套税制基础，比如其征管技术、金融制度、税收文化都与我们不同。同在东亚文化圈的韩国日本也早已开征了房产税，我国可以借鉴学习其立法经验和教训。所以，本章考察了韩国的房产税制，也考察了同为共享税制的德国房产税，当然也参考了历史悠久的美国房产税制度。

（三）本章的主要逻辑结构

第一，从历史视野，对于房产税的立法历史进行全面梳理。今天立法中的很多问题往往都可以从历史中追溯到源头。所以通过将房产税立法拉回到 30 年之前，并对 30 年间房产税立法之变迁进行细致的观察，有利于我们理解今天所有的问题。在这个部分又可以细分为 2011 年重庆、上海试点之前和 2011 年重庆、上海试点之后两个阶段。

第二,对于重庆、上海房产税试点的正反两方面意义进行深入思考。具体来说,对于重庆、上海房产税试点的积极意义来说,既有破冰之意义,又有民众心理之铺垫。而重庆、上海房产税试点的消极因素也给我们未来房产税立法提供了新的思路。比如要由中央统一立法,但可能要适当赋予省级政府在部分税收要素方面的自由裁量权。

第三,研究国外相关制度,包括韩国、德国和美国的相关房产税。对于这些不同文化圈的国家的房产税制度的比较研究,有助于我们在即将推动的房产税立法中通盘考虑,既立足国情,又充分借鉴一些成熟的经验,比如房产税减免制度,以符合量能课税之原则。

第四,通过对房产税 30 年之历史观察,并重点考察了 2011 年以来沪渝房产税试点的实际效果,从正反两面重新审视了沪渝房产税试点的经验教训。从正反两面考察了房产税所具有的三个方面的价值和功能,并且要通过法治方式来推进房产税改革,统筹考虑中央与地方的相关权限,才可能在较短时间内成功推进房产税改革。除此之外,在具体推进房产税立法时,应该充分借鉴美日韩等国之经验,以避免重走弯路。

二、房产税立法的历史观察（1986~2017 年）

（一）房产税之暂行（1986~2010 年）

在现行土地公有制之下,1986 年国务院公布了《房产税暂行条例》。1986 年《房产税暂行条例》规定的房产税除了明确界定了五种免征的情形外,还在计税依据、减免税、纳税期限等税收要素方面赋予了省级政府自由裁量权。[1]除此之外,房产税的实施细则均由省级政府来规定。一共 10 个条文的暂行条例有 5 个条文都是关于授权省级政府的税收立法权。1986 年《房产税暂行条例》的立法模式可从横向纵向两个方面来理解。从横向

---

〔1〕 参见《房产税暂行条例》第 3、5、6、7、10 条。

来讲，1986 年《房产税暂行条例》的法律依据来自 1985 年全国人大对于国务院的授权。从纵向来讲，1986 年《房产税暂行条例》是一次集中与分权复合立法模式。一方面，在纳税区域、纳税义务人、税率、征收管理等方面坚持了中央集权模式，由中央政府统一规定。另一方面，在涉及计税依据、减免税、纳税期限等纳税要素方面都授权省级政府予以规定，则实际赋予了省级政府很大的自由裁量权。

学术界通常聚集于横向税收授权立法的合法性。通常的批评认为依据 2015 年《立法法》应该废除 1985 年全国人大对国务院的授权。这样的批评如果拘泥于法律条文，的确成立。因为按照今天学术界的通常观点，授权立法不应该是宽泛而空白的。但是也需要明确的是，尽管全国人大常委会根据中央要求已经制定了路线图，但是在全国人大常委会废除 1985 年授权立法决定之前，1985 年全国人大对于国务院的授权是合法的。所以从横向授权来讲，1986 年《房产税暂行条例》并无太大问题。

真正的问题是纵向授权问题。1985 年全国人大的立法授权的确授权了国务院制定暂行条例的权力，但是并没有授权国务院进一步转授权给其他机构或者下一级政府。1986 年《房产税暂行条例》，将相当部分的税收立法权转授权给省一级政府，这是没有法律依据的。1977 年，国务院财政部下发了一个非常重要的文件：财政部《关于税收管理体制的规定》[1]，其实质就是收回了在 1970 年中国人民解放军财政部军事管制委员会所出台的《关于下放工商税收管理权的报告》中下放到省一级的税收立法权。这标志着税收权力向中央集中的一个信号。而 1986 年的《房产税暂行条例》基于房产税是一个地方税的考虑，授权给了省一级政府较大裁量权，从法律依据上讲这是一个缺陷。2015 年立法修改仍然没有对纵向授权的问题予以法律规范，应该说是一个缺憾。

（二）房产税之试点

虽然房产税暂行了 30 多年，但并没有引起学术界和公众的关注。因为

---

〔1〕　参见财字〔1977〕15 号文件。

1986 年《房产税暂行条例》主要是针对城镇的经营性房产，所以大多数普通公众甚至不知晓房产税的存在。当房产税试点开始之时，多数普通公众甚至以为是一个新开征的税种。

从上海税务局的文件抬头来看，房产税试点有三个目的，即完善地方税制、收入分配调节、宏观经济调控。[1]重庆房产税试点的表述则为："调节收入分配，引导个人合理住房消费。"[2]比较起来，上海房产税试点的概括更加全面，而重庆房产税试点的目的则更加直接，就是调节收入分配，抑制住房投资。

从 2011 年重庆、上海的房产税试点的社会大背景分析，这次房产税试点的直接目的就是调控房价，也就是自 2004 年政府采取行政手段多次调控房价无果之后，社会普通公众呼吁政府采取房产税方式来调控房价。从 2011 年重庆、上海开始房产税试点到今天已经整整过去了 12 年，但是目前看来在调控房价的角度来看，有一定作用，但并不十分突出。

对比沪、蓉、渝、穗作为非试点城市，在 2011 年至 2012 年间，这四个城市的住房价格基本与全国房价平均走势相符。[3]之所以上海、重庆的房产税试点并没有起到抑制房价的作用，有多种原因。首先是此次房产税试点城市上海、重庆出台的房产税本身是很轻微的。上海、重庆的房产税试点有几个核心点：一是不涉及存量房；二是主要针对外地户籍人口。所以，当前的房产税试点没有起到抑制房价的作用，并不表明如果全面普遍征收房产税不能抑制房价。因为真正意义上的房产税，重点是针对存量房的，也就是针对所有人的。

当然，从国外经验来看，国外的房产税针对存量房，但是房产税的使用主要用于本地基础设施建设和社区教育，因而房产税对于本地房价会起到正相关作用。但是国外的普通居民对于住房的投资价值没有中国人这么

---

[1] 参见沪府发［2011］3 号《上海市开展对部分个人住房征收房产税试点的暂行办法》。

[2] 参见《重庆市关于开展对部分个人住房征收房产税改革试点的暂行办法》。

[3] 参见刘贵文、皮晓晗、杨龙斌："沪渝房产税试点改革成效探究"，载《价格理论与实践》2012 年第 9 期。

重视，因为国外的资本市场较为发达，所以国外普通居民有多种较高收益的投资渠道。而中国的普通居民缺乏其他投资渠道，所以对房产的投资属性非常重视。因而，通过上海重庆房产税试点就得出房产税在中国不能抑制房价的观点并不一定准确。

另外一个问题就是组织收入和完善税制问题。相当多的学者认为上海、重庆的房产税试点表明房产税并不能为地方政府带来足够的与土地出让金相当的稳定收入。上海市 2012 年全年房产税收入约为 92.5 亿元，占全年税收收入的 1%不到。重庆市 2011 年共征收住房房产税近 1 亿元，占全年财政收入的 0.5%不到。[1]正是基于这样的数据，很多民众认为房产税不能为地方政府承担起组织收入的重任。但仔细分析下来，并非如此。因为此次重庆、上海的房产税试点是一个非常温和的试点方案。试点方案将房产税的征税对象大大缩小了。重庆仅仅针对别墅和高档住宅，所以仅仅是针对房产中一小部分人群，当然不可能承担起组织财政收入的重任。上海则只是针对整个行政区域的增量房，其税收规模已经呈现出快速增长的事态。所以，如果按照国际通行标准，即主要针对存量房来征收房产税，其税收收入绝对不容小觑。

自 2003 年以来，中国房地产市场出现了井喷式发展。在这个过程中，一部分民众（主要是新毕业大学生和专业人士）抱怨房价太高以至于其买不起房，但同时地方政府和相当一部分民众都因此而受益。地方政府依靠土地财政获得了大量财政收入，从而极大改善了地方基础设施，民众的生活环境因此大有提高。但是从整体税制来看，目前地方政府主要依靠土地财政作为收入基础是不可持续的。随着中国城镇化的逐步完成（尽管还有接近 20 年的时间），将土地作为抵押物来融资的运作模式总有终结之日，那时地方政府没有一个像样的主体税种，地方财政将面临重大危机。居安而思危，未雨而绸缪。地方政府不可能到时才考虑地方税制问题。

---

[1]　李永刚："中国房产税制度设计研究——基于沪渝试点及国际经验借鉴视角"，载《经济体制改革》2015 年第 1 期。

最后一个是收入再分配问题。此次房产税试点，两个城市试点略有不同。因为上海房产税试点主要针对增量房，而重庆则针对高端住宅（包括存量别墅）。相比较而言，重庆房产税试点对于抑制高端住宅有一定作用，相比上海房产税试点，在收入再分配方面重庆试点要好一点。上海房产税试点，主要针对增量房，不仅没有起到缩小收入分配的作用，而是进一步加大了收入分配差距。简而言之，重庆房产税试点更体现了收入分配实质公平原则，而上海房产税试点则体现了一种效率至上的精神。因为针对存量房的税收征管从技术上讲非常复杂，征收成本高。这一点在重庆试点中对存量别墅的课征就体现得非常明显。而对新买住房就可以通过程序手段来使纳税人配合缴税。但从房产税的一般征收模式，应该是在持有环节，所以长远来看，上海模式并不可取。重庆房产税试点虽然起步艰难，但是其立足于实质公平和收入再分配的课征理念值得借鉴。

三、房产税试点的正反面思考

（一）房产税试点之积极意义

对于重庆、上海房产税的试点，多数学者认为其近乎失败。从税收职能来讲，相当部分学者认为重庆、上海房产税试点的成效不大。[1]具体原因就是前文所分析的，无论是从组织收入完善税制、调控房价还是收入再分配的角度，两个城市房产税试点的意义都没有表现出太多亮点。但是，如果从更广阔的历史视野来思考，重庆、上海的房产税试点具有不可忽视的探索意义。

第一，重庆、上海房产税具有破冰意义。自 1986 年实施房产税以来，针对居民个人非经营性房产一直予以免税来对待。而且在三大社会主义改造之后，中国的财产税就几乎是一个空白地带。随着改革开放和经济社会的全面发展，中国境内个人的财产空前增加，但是对于个人财产征税在普

---

[1] 参见谭荣华、温磊、葛静："从重庆、上海房产税改革试点看我国房地产税制改革"，载《税务研究》2013 年第 2 期。

通民众内心仍然有强烈抵触心理。此次选择两个直辖市（一东一西），正是具有破冰的意义。从两个城市的房产税试点来看，虽然在征管环节遇到重重困难，但是并没有太多实际的强烈反对。房产税的试点为未来房产税全面铺开，可以说打下了良好的基础。民国历史上由于开征个人所得税而引起商人群体的强烈反对，而此次房产税试点应该只是停留在舆论和网络上的正当辩论，并没有行动上的激烈对抗。在这个意义上讲，2011年的重庆上海房产税试点并不存在失败问题。可以说现在的效果完全是两地政府预料之中的，因为政策本身很温和，带有很大程度的试水意义。

第二，上海房产税试点完善地方税制的功能。相比于重庆，上海的房产税试点面向整个行政区域。尽管一开始就将房产税仅针对增量房，但每年的房产税仍在百亿级别以上，而庞大的存量房一旦开征房产税，其所带来的财政收入绝对是十分可观的税收收入。一方面，目前的地方财政严重依赖土地出让金，一旦未来城镇化完成，则地方财政将出现严重缺口。另一方面，随着第一批商品房的土地使用权已经到期，如何解决土地使用权到期之后续期的问题，如果能够通过课征房产税，就可以起到替代持有环节地租的问题。

第三，重庆房产税试点在收入再分配，引导房地产建设方面有一定价值。重庆房产税的特点是在主城区针对别墅（含存量）和高档住宅（新），将此次房产税试点锁定在富人群体。能够在主城区购买别墅绝对是富人。[1]能够在2011年购买高档住宅[2]的人群同样可以视为中产阶级以上人群。重庆房产税试点通过对别墅和高档住宅课税，一方面是对富人量能课税的原则，另一方面则推动了商品房建设更多面向普通群众建设普通住宅。更多的普通住宅建设对于稳定房价也能起到一定的积极作用。尽管此次重庆房产税试点中出于稳妥考虑，确定的税率较低，只有0.5%至1.2%。但是其试水的意义不可抹灭。

---

〔1〕 尽管过去别墅价格较低，但相对于当时的人均收入，价格仍然不低。

〔2〕 重庆房产税试点中的高档住宅是指达到上两年市区房价均价2倍以上的住宅。

（二）房产税试点所引发的问题

自 2011 年房产税试点开始到今天已经有十余年，试点仍然在继续，但没有扩大到其他城市，其实质是房产税的改革方式仍处于斟酌之中。十八届三中全会对于房产税的表述是"加快房地产税立法并适时推进改革"。[1] 这实质是在全面推进依法治国的背景下，中央意图通过立法引领改革思路在税制改革领域的具体表现。

全国人大常委会法工委负责人明确表示："税制改革可以在总结试点经验的基础上先对相关税收条例修改后再上升为法律。"[2] 按照全国人大的思路，房产税改革就是典型的涉及面广、情况复杂的税制改革，所以需要试点，并在总结试点经验的基础上对相关条例进行修改。而目前整个中国税制改革的重点和难点其实就是房产税和个人所得税。那么房产税推动困难的难点在哪里呢？

第一，房产税试点给我们最大的启示就是房产税改革应该运用法治思维，由中央统一立法推进较好。中国过去 30 多年的高速发展，已经让地方政府形成了对行政手段和土地财政的路径依赖。试图通过地方积极进行房产税改革试点然后在全国推开的道路行不通。尽管重庆、上海房产税试点具有破冰意义，但其温和程度使得其不可能承担起地方主体税种的重任。如果如十九大报告所说，要深化税收制度改革，健全地方税制。[3] 那么在目前营业税改增值税的前提下，地方没有一个可以为其提供较大稳定收入的税种，而房产税是最现实而且最具操作性的地方主体性税种。这方面可以观察国外的经验。比如美国的房产税是其地方政府最主要的收入来源。澳大利亚等国家也是如此。由于房产税是直接对财产征税，遇到民众心理抵触是普遍现象，尤其是拥有多套房者。目前的房地产市场属于典型的卖方市场，所以地价越来越高，而一旦房地产市场成为买方市场，则地方政

---

〔1〕 参见 2013 年十八届三中全会《中共中央关于全面深化改革若干重大问题的决定》。

〔2〕 参见"2015 年全国人大常委会法工委负责人就《贯彻落实税收法定原则的实施意见》的有关情况回答了新华社记者的提问"，载《人民日报》2015 年 3 月 26 日。

〔3〕 参见十九大报告第五章第五节："加快完善社会主义市场经济体制"。

府卖地困难，其土地出让金会受到很大冲击。所以地方政府基于短期利益考虑，一般都是抵制对个人住宅开征房产税的。而且一旦纳入税收，预算刚性也会束缚地方政府的手脚。只有中央政府能够超脱短期利益，从完善地方税制视角，通过统一的中央立法解决改革阻力问题。

第二，房产税试点给我们的第二个启示就是要因地制宜，赋予地方一定的自由裁量权。中国是一个政治、经济发展不平衡的大国，中国社会的主要矛盾已经由"人民群众日益增长的物质文化需要与落实的社会生产力的矛盾"[1]转化为"人民日益增长的美好生活需要和不平衡不充分的发展之间的矛盾"[2]。改革开放发展到今天，中国社会已经摆脱了整体上贫穷的面貌，但是这个发展是不平衡不充分的。这里的"不平衡"实际上包括不同地区的差异，而且也包括同一地区不同人群的差异。由于中国地域广大，不仅仅东中西部差异巨大，而且即便在不同的省份之间，甚至省内不同地区之间都差异巨大。所以房产税的立法虽然应该走全国统一立法的路径，但是对于不同地方则应考虑予以适当区别对待，较为现实的考虑是赋予省级人大在税率、免税范围等要素方面一定的自主权。这次房产税试点，重庆和上海采取不同的策略所取得的效果就不同。上海的房产税试点主要针对增量房，属于典型的"老人老办法，新人新办法"，而重庆在别墅领域就不区分存量增量一律征税。

第三，重庆、上海房产税试点有一个重大缺陷，就是不区分产权人的支付能力。中国的商品房市场是在1998年房改之后逐步建立起来的。尽管我们已经房改将近20年，但是在住房市场这个领域，我们的住房性质还是非常复杂的，存在着房改房、经济适用房、两限房、回迁房、共有产权房、自住商品房、商品房等多种形式。这些房子都是拥有产权的，但是除了商品房是按照完全的市场价格购买之外，其他的住房形式都带有或多或

---

〔1〕　参见十一届六中全会通过的《关于中华人民共和国成立以来党的若干历史问题的决议》。

〔2〕　参见十九大报告第一章《过去五年的工作和历史性变革》。

少的福利性质，即以远低于市场价购买。购买福利房的人群多是体制内干部和工人。这些人普遍存在收入不高、年龄偏大的情况。[1]如果按照房子今天的市场价格（尤其是一、二线城市）征收房产税，即便只是年度1%，那对于这些普通干部和工人来说也将是灭顶之灾。按照纳税人的给付能力来课税，也是量能课税原则的要求。即税法要考虑到每个人能力的差异，保障纳税人的基本生活权利。

四、国外房产税的历史性考察

实际上中国所有的税制改革大多是借鉴国外经验而来，那么房产税也不应该例外。虽然，今天地方财政压力巨大，缺乏主体性税种，但即便开征，也需对房产税在国外的历史经验和教训进行充分研究，从而避免走弯路。

经济合作与发展组织国家普遍开征了房产税，但是房产税占地方政府的税收比例差异较大。虽然英国、澳大利亚等国家财产税占到了地方政府税收的100%，但也有相当一部分国家如韩国、德国占比不足20%。[2]根据美国政府统计普查数据显示，房产税在地方财政中占比较高的国家其实主要是英邦联国家。[3]而在德国、美国这样的联邦制国家，由于中央政府的权力较大，房产税在地方财政收入中的比重较低。尤其是德国越来越走向一种共享税制。从西方发达国家的这个数据来看，房产税占地方财政收入比重往往与国家制度有关。如果是比较松散的英邦联国家，其地方（州）的自治权很大，则房产税往往占到其地方（州）的财政收入的很大比重。

（一）韩国不动产税制之变迁

同属于东亚文化圈的韩国的不动产税的发展变迁，对于中国有很大借

---

[1] 甚至很多房改房的产权人都是已经退休的老职工。这部分群体普遍存在收入偏低、年龄较大的情况。

[2] 刘金东、丁兆阳："我国城镇家庭的房产税支付能力测算——兼论房产税充当地方主体税种的可行性"，载《财经论丛》2017年第6期。

[3] 数据来源：Quinnipiac University，http://www.Quinnipiac.edu/x1327.xml? ReleaseID=468。

鉴意义，因为韩国不动产税的初衷与今天中国很相似。韩国在 1986 年制定了土地过多保有税，并在 1990 年制定了综合土地税（针对空闲土地），而对住宅则课征财产税。由于分离课税效果不明显，2005 年韩国政府进行了《地方税法》改革，将之前的财产税与综合土地税进行了合并，通称为新财产税。[1]综合不动产税制其目的为加强关于不动产保有的税负公平，使不动产市场价格更加稳定，实现地方财政的均衡发展。这一点其实和今天的中国很相似，最紧要的目的是稳定房价并调节收入分配，最后才是为地方政府组织收入。

除了税收目的之外，在纳税义务人、课税标准和税率等方面，韩国不动产税制均有不少可借鉴之处。比如在纳税义务人方面，韩国不动产税制并不局限于不动产登记簿之记载，而是结合实质课税原则。当不动产之实际拥有状况与登记簿不相符合时，应以实际状况为准。韩国在设定课税标准时则适用市场价标准额，市场价格给予公示地价和个别住宅价格来设定。韩国不动产税制在税率方面也是区分别墅和普通住宅，对别墅适用 4% 的高税率，而对其他住宅则适用 0.1% 至 0.4% 的四阶段超额累进税率。[2]通过这样的税率安排可以起到调节收入分配的功能，也符合量能课税之税法原则。

（二）德国房产税之变迁

德国房产税具有明显抑制投资的色彩。德国房产税率由《房产税法》统一确定为 3.5%，而若房屋出租，则需要交纳租金的 20% 至 49%；对于用于出售的房屋，则不仅需要交纳交易税 3.5%，还需交纳不动产税 1% 至 1.5% 与盈利差价税 15%。[3]

---

〔1〕 参见张学博主编：《改革与立法关系研究——从税制改革切入》，中国社会科学出版社 2017 年版，第 106~107 页。

〔2〕 参见《韩国地方税基本法》第 141 条，转引自张学博主编：《改革与立法关系研究——从税制改革切入》，中国社会科学出版社 2017 年版，第 122 页。

〔3〕 宋怡欣："从发达国家房产税经验看我国的房产税试点"，载《湖北民族学院学报（哲学社会科学版）》2013 年第 5 期。

德国房产税最大的特点就是明确将房产视为刚性需求。除鼓励自建房、合作建房，德国在房地产购置、保有、租赁、销售等环节设置高税制遏制炒房。德国房产税中最有特点的制度就是采取减免税和其他奖励方式以降低所得，鼓励私人建房。[1]

总而言之，德国房产税制简单且标准统一，而且采取了大量减免税制度来激励自助建房，并对炒房通过多环节的税制进行遏制，所以德国的房价在全世界都比较稳定。如果以调控房价为目的，可以考虑借鉴德国的房产税制度。

(三) 美国房产税之变迁

纵观美国房产税历史，曾经两次受到大的挑战，很多学者曾经预测美国房产税会最终消失，但是到今天为止，房产税仍然是美国地方政府最主要的收入来源。一方面原因是房产的不可移动性使其成为地方政府最便宜征收的税收对象，另一方面美国的房产税减免制度使得其遭到的抵制大大降低。经过几十年的发展，美国房产税的减免制度构成了美国房产税最有特色的部分。

美国的房产税减免制度大致包括以下种类：一是基于纳税人特征来制定减免的制度，比如纳税人家庭规模、是否为残疾人、年龄、业主或租户、是否为家庭主要住房等特征。美国有 24 个州制定了针对老年人的特殊税收减免。[2]二是基于特定行为的房产税减免制度。像增加太阳能设施，属于绿色环保行为；残疾人房主增加无障碍设施属于生活必须等。以加利福尼亚州为例，该州先后出台了 7 个相关的提案，将一些改造、改建设施增值排除出税基价值计算范围。[3]三是基于家庭收入的房产税减免制度。基于收入的减免制度是在减免额和申请人家庭收入之间构建一种反

〔1〕 魏呈呈："英美德日韩房产税经验借鉴与启示"，载《财经界》2016 年第 3 期。

〔2〕 Barrows，R. L. (2013)，"The distribution of tax relief underfarm circuit-breakers：Some empirical evidence"，*Land Economics* 64（1）：15~27.

〔3〕 李明："美国房产税的税收限制政策及制度变迁分析"，载《税务研究》2017 年第 6 期。

向关系。[1]四是基于房产本身性质的减免制度。[2]除了以上之外,美国房产税制度中还有基于物业价值、所有权性质变更等房产税减免制度。[3]

纵观世界各国的房产税制度,不仅韩国和德国,包括英国美国,都有几个共同的特点:其一,房产税均为地方政府之专有税收收入;其二,房产税均是宽税基,但是设置了大量的减免税制度,除了对非营利机构事业免税外,对于涉及基本生存权的住宅已经低收入群体,均设计了相关的减免税制度,契合量能课税原则;其三,房产税之使用多用于改善民生基础设施,改善居住环境,通常未将调控房价作为首要目标。

五、结语

经历了重庆上海房产税的试点,围绕着房产税的是与非正在激烈辩论。征还是不征?这是一个问题。随着中国社会从站起来到富起来,再到强起来,相当多的民众拥有了一定数量的房产。反对房产税最激励的自然是拥有房产较多的民众。从世界各国的经验来看,由于不动产的固定性,使其成为地方政府最便利征税的对象。流转税天然属于一种共享税,因为商品的流通使得无论是哪个地方将其独占都不公平。随着现代市场经济的发展,企业和人员流动的增强使得所得税按属地原则征收也失去了绝对合理性,唯有不动产之上的财产税在任何一个国家均属于天然的地方税种。随着中国城镇化的狂飙突进的 20 年的过去,未来中国将是城乡一体推进。十九大报告明确提出乡村振兴战略,[4]意味着单维度城镇化的时代已经过去。

---

〔1〕 Cho, S. H. etal (2013), "Impact of a two-rate property tax on residential densities", *American Journal of Agricultural Economics* 95 (3), 685~704.

〔2〕 Anderson, N. B. (2006), "Property tax limitations: An inter-pretative review", *National Tax Journal* 59 (3): 685~694.

〔3〕 参见米旭明、黄黎明:"美国房产税减免制度的演进及其政策启示",载《经济学动态》2016 年第 8 期。

〔4〕 参见 2017 年 10 月 18 日中国共产党十九大报告第五章第三节。

城镇化仍将继续，但将以城市群为主体构建大中小城市和小城镇协调发展的城镇格局。这意味着也许少数一些城市和特大城市房地产价格仍然会不断上升，但多数中小城市房地产价格快速上涨的时代即将结束。这意味着过去20年地方政府所依赖的土地财政无法再继续维持下去。那么未来地方政府必须寻找到一个或数个稳定的税种来支撑地方财政和地方建设。2016年资源税改革、2016年环境保护税法实质上都是为地方开拓新的税种。但是不论是资源税还是环境保护税都无力构成地方政府的主体性税种。因为不是每个市县都有资源，也不是每个市县都会出现污染问题。也许有人会认为德国的房产税并不构成其地方税收收入的主体，但很多人可能忽视了德国已经是一个成熟的发达国家，而中国还是一个基础设施建设都尚未完成的发展中大国。仅仅依靠中央财政的转移支付，只能是维持国家机器的基本运转。这实际上都意味着不论是否有人反对，最现实的考虑就是尽快开征针对普通居民住宅的房产税，才能保障未来地方政府财政之需要。现在的问题不是要不要开征房产税，而是开征什么样的房产税和如何开征房产税的问题。

第一，不论开征什么样的房产税，中国之房产税应落实税收法定原则，由全国人大来主导此项立法之议程。不论是西方发达国家房产税之立法经验，还是重庆、上海房产税立法试点之教训，都使得中央采取集权之立法模式为上上之选择。在中央集权立法之前提下，法律授权各省在一定范围内的裁量权，是目前比较现实之考虑。

第二，基于中国的土地公有制，中国目前有两种房产税立法模式。一种是向韩国学习，采取房地合一之综合财产税模式。一种是沿袭目前的城镇土地使用税和房产税并立制度。如果从抑制投机的角度出发，则可考虑采取韩国的综合财产税（即房地合一）模式，能起到抑制炒作土地的功能。因为房价居高不下的原因主要是地价高，而地价高的原因主要是政府限制供地和开发商捂地。如果是单纯组织财政收入，则可考虑沿袭目前之城镇土地增值税和房产税并立的制度，将房产税修改并上升为法律即可。

从实践操作性和地方政府之意愿考虑则可选择后一模式，从长远税制和民众考虑则可选择房地合一之立法模式。

第三，房产税之征收对象应为存量房，而非单纯新购住宅。从世界各国房产税之经验，以及重庆、上海之房产税试点，均表明房产税之对象应为所有存量住宅，否则不仅违反公平原则，而且无法起到调控房价、完善税制并组织财政收入之任意一个目标。如果决定开征对个人住宅的房产税，就应遵循税法之基本原则，税收法定和税收公平原则。

第四，房产税之征收应充分考虑财政再分配之功能。对于中国而言，目前经济总量稳居世界第二，且有超越美国成为世界第一之势头。所以今天中国的社会的主要矛盾已经转换为"人民日益增长的美好生活需要和不平衡不充分的发展之间的矛盾"[1]。不平衡的矛盾包括多方面的不平衡，一个主要的方面就是财产收入分配不公。当前国人最主要的财产形式就是房产。只有通过房产税的方式，对于住房持有成本进行提升，才可能减弱这种财产分配不公的社会现象。因为一旦开征房产税，则那些持有数十套甚至更多房产的人将不得不抛售房产，则会尽量抑制投机炒房的人群，鼓励大家更多从事实体经济，而不是囤房炒房。

第五，房产税之开征，必须符合量能课税之原则，建立按照财产和收入来区分的房产税制度。一般来说，应根据房屋之面积实行累进税率。另外就是要借鉴美国之经验，建立减免税制度。前文已经分析过，不同人群的纳税支付能力必须考虑到。比如老年人的房子较大，但可能支付能力反而较弱的问题。具体到中国，则更为复杂。我们的住房是多轨制。那些体制内老职工的住房往往是房改房，如果按照市价计算房产税，则很可能超过其支付能力。所以必须结合中国之国情，制定相应的减免税制度。比如个人所拥有的唯一住房，不论面积多大，可考虑予以免税。另外对于那些弱势群体的住房也应考虑予以免税。对于普通人群，也应考虑按照套数或人均面积予以减免。同时，也应根据家庭收入和住宅的性质建立相应的减

---

〔1〕　参见 2017 年 10 月 18 日中国共产党十九大报告第一部分。

免税制度。这方面，美国的房产税制度有着十分丰富的经验可以借鉴。

第六，如果考虑到调控房价之目标，则应借鉴德国之房产税制，鼓励自建房，对住房买卖开征住房交易税，并实质开征土地交易所得税。虽然按照《个人所得税法》，房产二手房交易应该征收个人所得税，但实践中房屋产权取得满五年的免征，未超过五年的按房价 1% 或房屋原值—房屋现值差额 20% 缴纳。实践的操作使得税费很低，房产交易的成本很低，进一步鼓励了房地产业的投机炒作现象。如果真正决定调控房价，则可以考虑取消此五年免征之政策，并一律按照房屋原值与现值差价 20% 缴纳个人所得税。但此项政策一出，对于房价影响极大，如果考虑到银行等金融机构与房地产业关系之紧密，则要慎重。

第七，关于税率问题，房产税开征之初可稍低，但长远来看，应仿效国际通行标准，逐步调高，向 3% 至 4% 年度看齐。不论是重庆、上海房产税试点的经验，还是德国的成功经验，房产税率过低，则短期内无法起到抑制房地产投资之功能，中期无法起到调节收入分配之功能，长期则无法起到支持地方财政之主体税种之重任。所以，关于房产税之税率，应该设定一个幅度，但是也不可标准太低，否则会陷入隔靴搔痒，空费了大量人力物力，却无法实现其功能的窘迫之地。

在 2014 年全面深化改革小组第二次会议上，习近平同志强调：凡属重大改革都要于法有据。在整个改革过程中，都要高度重视运用法治思维和法治方式，加强对相关立法工作的协调。[1]房产税问题即属于此类典型的重大改革。

首先，从历史视角全面理解房产税的立法史。今天立法中的很多问题往往都可以从历史中追溯到源头。所以通过将房产税立法拉回到三十年之前，并对三十年间房产税立法之变迁进行细致的观察，有利于我们理解今天所有的问题。这个部分又可以细分为 2011 年重庆、上海试点之前和

---

〔1〕 "习近平主持召开中央全面深化改革领导小组第二次会议"，载 https://www.gov.cn/ldhd/2014-02/28/content_ 2625924. html，最后访问日期：2023 年 8 月 10 日。

2011 年重庆上海试点之后两个阶段。前一个阶段的房产税是关于城镇经营性房屋的税收制度，而自 2011 年之后的房产税立法则把这个范围进一步向个人拥有的非经营性住房。这意味着普遍意义的财产税将逐步推开。

其次，对于重庆、上海房产税试点的正反两方面意义进行深入思考。学界现有研究多聚集于房产税试点的负面因素，多从形式法治的视角对房产税予以批判，可谓稍显偏颇。具体来说，重庆、上海房产税试点的积极意义，既有破冰之意义，又有民众心理之铺垫。而重庆上海房产税试点的消极因素也给我们未来房产税立法提供了新的思路。比如要由中央统一立法，但可能要适当赋予省级政府在部分税收要素方面的自由裁量权。

最后，要有国际视野，兼顾文化因素，研究国外相关制度，包括韩国、德国和美国的相关房产税。对于这些不同文化圈国家的房产税制度的比较研究，有助于我们在即将推动的房产税立法中通盘考虑，既立足国情，又充分借鉴一些成熟的经验，比如房产税减免制度，以符合量能课税之原则。

总而言之，通过对房产税 30 年之历史观察，并重点考察了 2011 年以来沪渝房产税试点的实际效果，从正反两面重新审视了沪渝房产税试点的经验教训。从正反两面考察了房产税所具有的三个方面的价值和功能，并且要通过法治方式来推进房产税改革，统筹考虑中央与地方的相关权限，才可能在较短时间内成功推进房产税改革。除此之外，在具体推进房产税立法时，应该充分借鉴美日韩等国之经验，建立相关配套制度，以避免重走弯路。

第八章

中国税收立法的历史观察（1977～2015 年）

——从集权角度切入

学界通常认为中国税收立法以 1994 年分税制为界限，之前是一个分权比较严重的区间，而 1994 年之后，则不断走向越来越严重的中央集权。仔细观察自 1977 年以来中国税收立法的历史，情况并非如此简单。其一，从纵向的中央与地方的关系来看，自 1977 年开始，尽管同时期的财政分权严重，但中国的税收立法权已经开始不断集中；其二，从横向的人大与政府关系来看，税收的立法呈现为向行政机关集中的趋势。综上，自 1977 年开始，中国的税收立法权不断向中央集中，但呈现出税收立法向行政机关集中的现象。一个有趣的现象是：税收立法不断的集权并未如部分学者所预期的那样影响中国经济的高速发展，反而伴随着中国经济的奇迹发生。基于此，中国的税收立法下一步关键并非如很多学者所讨论的那样进行分权，而是集中于落实十八届三中全会提出的落实税收法定原则，提升税收的法治化程度。

一、问题的提出

中国历史上的改革往往是财政体制压力所致，所以改革的先导往往是税收改革。税收改革的形式要通过立法，所以本章所讨论的就是税收立法（当然这里的立法是广义的，而非狭义的全国人大及常委会制定的法律）。今天所有讨论中国税收立法的学者几乎都理所当然地认为 1994 年分税制改革是一个重要的分水岭，即之前的中国税收立法是分权模式的，而 1994 年之后的税收立法是集权模式的。也许是分税制改革的影响过于巨大，也许是学者们的疏忽大意，对于 1994 年之前的中国历史没有进行认真的梳理，即便是改革开放之后的税收立法史，也只有少数学者进行了一些初步研究。事实上，只要把历史的眼睛稍微往前放一放，就会发现 1994 年分税制改革只是历史长河中的一小段。早在 1977 年，国务院财政部下发了一个非常重要的文件：财政部《关于税收管理体制的规定》[1]，这个文件收回了在 1970 年中国人民解放军财政部军事管制委员会所出台的《关于下放工商税收管理权的报告》中下放到省一级的税收立法权。这实际上对学术界通常的几个关于税收立法模式的假设和前提都提出了质疑，一是关于中国税收立法模式历来是集权的观点，二是中国税收立法模式 1993 年分税制改革之前是分权的，之后是集权的观点。那么究竟如何，需要对中国税收立法的历史进行更清楚的梳理。除此之外，税收立法的模式对中国的经济改革发展产生了什么的关联，也需要进行进一步的梳理，以便为下一步的财税体制改革和立法提出建设性的方案。

二、中国税收立法的历史观察（1977～2015 年）

对于 1977 年之前的税收立法历史，学术界只有少数研究，大多一笔带过。从有限的文献来看，1977 年之前中国的税收立法经历了集权、分权、再集中的过程。最早的集中是 1950 年政务院公布的《关于统一全国税政的决定》。该决定明确规定："凡有关地方性税收之立法，属于县范围者，得由县人民政府拟议报请省人民政府或军政委员会批准，并报中央备案；其属于省（市）范围者，得由省（市）人民政府拟议报请大行政区人民政府或军政委员会核转中央批准。"从这个决定表现出来的内容，可以发现在中华人民共和国刚成立时的中国税收立法是相对集中于省级政府和中央两个层面，但市县仍有税收立法的起草权。

之后的 1958 年和 1970 年中央两次决定实施大规模的税收立法权下放。1958 年 6 月 5 日全国人民代表大会常务委员会第九十七次会议决议：原则

---

[1] 参见财字［1977］15 号文件。

批准国务院关于改进税收管理体制的规定。改进的原则是：凡是可以由省、自治区、直辖市负责管理的税收，应当交给省、自治区、直辖市管理；若干仍然由中央管理的税收，在一定的范围内，给省、自治区、直辖市以机动调整的权限；并且允许省、自治区、直辖市制定税收办法，开征地区性的税收。[1]为执行毛泽东关于"在中央的统一计划下，让地方办更多的事"的指示，1970 年 4 月 13 日，国务院同意财政部军管会报送的《关于下放工商税收管理权的报告》，将部分工商税收的管理权下放给省级革命委员会。[2]

　　一直到 1977 年 11 月 13 日，国务院批转财政部报送的《关于税收管理体制的请示报告》，重新集中税收立法权……除了体制规定的权限以外，任何地方、部门和单位都无权自行决定减免税。民族自治区另有规定。[3]对于 1977 年之前税收立法历史的一个简单回顾，是想揭示我们的税收立法并非一直就是不断集权的模式，而且今天我们的税收立法不断走向集权的特征与中国文化传统也没有什么关联。事实上，从 1949 年中华人民共和国成立，我们党在税收立法权方面，除了中华人民共和国成立之初略微进行过一次集中（仍然保留县市的草拟权），在中华人民共和国成立后的 30 年里主要是从中央往地方分权的。主要的表现就是 1958 年和 1970 年两次税制改革。学术界通常认为计划经济决定了税收体制要走向集权，但事实并非如此。在 1977 年之前（通常被认为是典型的计划经济时代）税收立法却是高度分权的，而 1977 年之后（普遍被认为是从计划经济走向市场经济的时代）税收立法却是不断走向集权。1977 年税制改革报告是一个十分重要的转折点。这次税制改革报告的批转启动了改革开放后 30 年的税收立法集权史。

―――――――――――――

〔1〕　参见 1958 年 6 月 9 日全国人民代表大会常务委员会第九十七次会议决议批准的《国务院关于改进税收管理体制的规定》。

〔2〕　霍军："新中国 60 年税收管理体制的变迁"，载《当代中国史研究》2010 年第 3 期。

〔3〕　参见 1977 年 11 月 13 日，国务院批转财政部报送的《关于税收管理体制的请示报告》。

（一）转轨时期的税收立法（1977~1992 年）

在 1977 年至 1992 年这段时间，可以被认为是转轨时期，因为整个社会还没有确定建设"社会主义市场经济"的整体目标。那个时期的整个认识就是"社会主义就是计划经济，市场经济是属于资本主义的"。1984 年十二届三中全会提出"有计划的商品经济"的观点。但是从 1977 年国务院批转《关于税收管理体制的请示报告》（以下简称《请示报告》）来看，中央财政实际上面临比较大的压力。因为一旦中央决定拨乱反正，要把整个社会的主要工作转到经济建设这个中心上来，意味着需要大量的财政力量来支撑。所以不论是实行计划经济，还是市场经济，税收立法权的收紧就变成一种趋势。这个内在逻辑与 1950 年税收立法改革收紧有着类似的逻辑。

（二）社会主义市场经济确立后的税收立法（1993~2015 年）

1992 年的十四大确立了中国建立社会主义市场经济的目标。按照通常的理解，建立市场经济意味着经济朝着更加自由的方向发展，意味着企业被赋予更多自主的权利。事实上，1992 年之后的企业也被赋予更多的自主权。但在中央与地方的关系上，中央进一步收紧了中央对于地方的控制。一个典型的例子就是中央政府进一步收紧税收立法权。1994 年的分税制改革以中央文件的形式开始了近 20 年来影响最为深远的税制改革。如果说 1984 年至 1985 年两次利改税还是通过全国人大授权立法的形式来展开的话，那么 1994 年分税制改革完全省略了这道程序，中央政府直接进行了事实上的税收立法。不仅是中央政府直接进行税收立法，而且国务院财税主管部门更是大规模地进行事实上的税收立法。在实际的税收立法实践中，中央政府和国务院部门的规范性文件占据着绝对的主导地位。

简而言之，1994 年之后的中国税收立法呈现出与市场经济相背离的特征。一方面整个市场经济越来越趋向自由的方向，市场要在资源配置中起着决定性作用；另一方面，税收立法权则进一步呈现向中央集权的趋势。

这种集权又表现为两个方面：一方面税收立法权从地方向中央收紧；另一方面税收立法权从全国人大向中央行政机关逐步收紧。税收立法权的两个方面的收紧实际揭示了中国改革中一个重要特征，即经济的进一步放松，立法权的进一步收紧。立法权的收紧实际上是作为政治上集权的一种表现。

尽管在1992年十四大上中国确立了社会主义市场经济的目标，1997年十五大确立了依法治国的治国方略，但从税收立法领域的文件治国，足以看出在1992年至2012年这十年，中国的法治建设还显不足。一个典型的例子就是20世纪80年代至90年代早期政府所发布的许多文件都引用1977年《请示报告》作为作出减免税决定的程序性依据。随时间推移引用该税收立法规则的次数呈普遍增长趋势。[1]这表明在整个20世纪80年代一直到90年代初，税收立法领域的规则意识仍然很强。而90年代中期之后，地方政府普遍的越权减免税现象使得国务院和财税主管部门多次发布规范性文件来进行整顿，但却收效甚微。这表明在税收立法领域的规则遵守程度（法律的实施效果）从20世纪80年代到90年代反而出现了下降和倒退。

（三）税收立法集权伴随着中国经济高速增长

通常学术界认为税收立法的分权符合财政联邦主义的观点，会有利于市场经济的发展，而税收立法的高度集权则不符合财政联邦主义，因而对于市场经济的发展是不利的。但中国自1977年之后的税收立法权不断加强集权却伴随着中国市场经济的高速增长，自2010年之后中国的GDP（国内生产总值）总量已经稳居世界第二位。连续30多年的经济高速增长，中国经济实际上已经打破了无数西方经济学定理，包括财政联邦主义。财政联邦主义来自美国财政经济学家马斯格雷夫，他立足于美国的多级政府提出了财政联邦主义。随后美国的财政联邦主义又经历了二元联邦主义、合

---

[1] 参见崔威："税收立法高度集权模式的起源"，载《中外法学》2012年第4期。

作联邦主义和新联邦主义三个阶段，[1]其制度和理论基础立足于有限政府，与中国有明显不同。

中国自古以来就是一个全能型政府，民众对于政府的期待是全方位的。除此之外，中国市场经济的发展是政府推动型的市场经济，存在一个长期的培育期，在市场经济的发展过程中，政府始终扮演重要的角色。比如，中国政府需要大规模投资基础设施来增强城市的吸引力，需要政府来招商引资，来进行土地整理，这都是与西方国家大大不同的。中国政府还会针对贫困群体进行大规模的精准扶贫。这都是西方市场经济国家所无法理解的。中国政府不会允许国有银行和地方政府破产。这些政府行为都需要大量的财政资源。尽管这些行为中难免存在腐败和寻租行为，但不能因此而因噎废食，而且以上的多数公共产品都是需要一个强大的中央政府来推动的。所以，为了实现中国的城镇化，建设社会主义新农村，不断加强税收立法权的集权就成了不二选择。

在 1957 年至 1976 年，正是基于对美国迅速发展的观察，以及当时与苏联备战的国际形势，中国共产党的第一代领导核心毛泽东同志两次尝试下放税收立法权（分别是 1957 年和 1970 年），给地方更大的税收立法权。今天从历史的视角来看，效果并不是非常理想。1949 年之后的历史表明，下放税收立法权会导致地方出乱子，而过于集中财力又会打击地方政府积极性。所以，税收立法集权并下放财力（通过财政转移支付）的方法是一条切实可行的中国道路。这样既解决了地方财力不足的问题，又可以避免地方坐大不听中央号令的问题。当然这个方法目前仍然在探索之中，随着中国市场经济的发展还会不断进行调整。

三、税收立法模式的进一步思考：税收政策化

从历史来看，在 1977 年至 2015 年这 38 年之间，税收立法表现出两种

---

〔1〕 参见王德祥："美国财政联邦主义的发展演变及启示"，载《财政经济评论》2014 年第 1 期。

相互矛盾的特征：一方面如前文所述，税收立法权越来越集中于中央；但另一方面税收立法行政化倾向严重。其具体表现就是绝大多数税收立法都是税收条例，而非严格的人大立法。具体到税收立法模式，就表现为集权模式（统一的全国人大立法）和试点模式（行政主导下的试点或试行条例）。

纵观这 38 年的税收立法，可以发现在 1977 年至 1992 年这前半段，集权模式表现突出，即几部主要的税法《个人所得税法》《企业所得税法》《税收征管法》都是在这个时期出台，而且前文已经提到 1977 年《请示报告》在实践中被反复引用，都表明这段时期税收立法的法治化程度较高。相反，在 1993 年至 2015 年这个更长的改革时间段内，仅仅出台了一部《车船税法》。更为明显的是在长达 22 年的时间段里，15 个税收条例不断进行试点暂行，迟迟无法正式上升为法律。

我们以增值税条例为例进行说明。国务院在 1984 年便发布《增值税条例（草案）》，共"试行"了 10 年，直到 1993 年国务院制定的《增值税暂行条例》出台。在增值税逐步在实践中相对成熟后，探索增值税从"生产型"转为"消费型"的"转型试点"于 2004 年先在东北地区开始试点，逐步推至中部地区，于 2009 年推向了全国，此时社会舆论要求将《增值税暂行条例》升格为"法律"的呼声亦不断高涨。此时形势又发生了变化。即从 2012 年开始，我国开始推行营业税改征增值税的试点或称"扩围试点"，并逐步在全国推开。[1]

营业税改增值税的结果形式上是结构性减税，其实质则是中央进一步将原本属于地方税的营业税纳入共享税的增值税其中。再结合 1994 年分税制改革、2002 年所得税分享改革，其实可以发现之所以税收立法走向政策化，一个重要的原因在于中央政府还不希望中央与地方的关系用法律来予以固化，而是希望将主动权掌握在中央政府手中，随时可以通过政策和文

---

〔1〕 详细描述参见张守文："我国税收立法的'试点模式'——以增值税立法'试点'为例"，载《法学》2013 年第 4 期。

件来调整税收，从而实质上调整中央与地方的关系。因为一旦这些主要税种进行了全国人大层面的立法，那么要修正和调整的成本就十分高昂了。

　　1994 年分税制改革之前，中央财政面临入不敷出的困境，财政大包干制已经包死了中央财政，中央靠借债度日，1993 年财政赤字达到 300 亿元……中央财政难以为继，一度不得不向富裕的地方政府借钱。[1]而 1997年中国周边又发生了亚洲金融危机。2003 年发生了非典事件，2008 年发生了汶川地震以及世界性的国际金融危机。可以说国际形势风云变幻。这都表明一个越来越充满不确定性的风险社会的到来。抵抗风险社会的一个重要方法就是更大范围的联合和调配资源。在应对历次重大突发事件（比如汶川地震、香港金融危机、国际金融危机）时，中国政府均表现优异，一个因素就是中国政府赤字率较低，中央财政收入比较充盈。在分税制后 20年，依靠强大的中央财政，中国政府抵抗了大量的社会风险，化解了众多危机。

　　税收政策化有显而易见的好处，就是中央政府的权力越来越大，中央政府可以在全国范围内进行更大的资源调配和平衡。一个典型的案例，就是在 2003 年之后，中央政府先后实施了西部大开发战略和东北振兴战略，以及中部崛起战略，并免除了农业税。这几项重大举措可以说极大改善了政府与社会底层的人民之间的关系，并且相对缓解了东中西部之间的不平衡。一系列的重大工程，比如南水北调，高铁项目、奥运会都得以实施，对于中国而言意义十分重大。

四、税收政策化的消极影响

　　凡事有利就有弊。在中央政府与地方政府之间的博弈之中，税收立法权始终是博弈的中心。因为财政是一切权力的核心（布坎南语）。由于没有法律存在，中央政府可以不断通过文件和政策的方式来调整税收。固然中央政府（尤其是中央财税主管部门）的权力越来越大，但是这也造成了

----

〔1〕　刘尚希："分税制的是与非"，载《经济研究参考》2012 年第 7 期。

一些弊端。

第一，这使得文件治国大行其道。分税制不在税法规范体系内，却有着高于任何税法规范的约束力，其所确立的基本原则得到税收立法的遵循和细化。[1]出现某个企业直接找到国家税收总局要求获得一个特殊的税收优惠政策（以红头文件形式出现）的情况。

第二，地方政府越来越依赖于预算外收入。民间俗语说"上有政策，下有对策"。地方政府的对策有两个：一个是"跑部钱进"；另一个则是经营城市。"跑部钱进"造成腐败发生，经营城市则以土地财政形式出现，使得地方债务风险变得越来越大。

第三，地方政府复制中央与省之间的财政关系。1994年分税制改革只是解决了中央与省级政府之间的税收权力问题，而对于省以下政府之间的税收权力问题则授权省级政府来决定。地方政府仿效中央与省级政府的分税制，也复制了这种分税制度，使得越是下一级政府，其税收权力越小，而事权则不断下放。其结果就是区县市严格受到省级政府的约束，自主权和积极性不断下降。

第四，中央政府与市县之间的关联反而减弱。由于分税制主要解决中央政府与省级政府之间的关系，而省以下的市县区政府几乎没有税收权力，导致市县区政府更多关注省级政府的政策导向，对于中央政府的政策是否执行需要看省级政府的态度。一般而言市县很难直接从中央政府获得财力（或者很少），因为税收权力集中在中央政府手中，所以地方政府的财力很大程度上取决于省级政府的财政转移支付，所以省级政府的地位在改革开放之后在不断上升。

通过以上分析，1977年以来的税收立法模式的集权化和政策化，的确增强了中央财政的力量，使得中央政府在宏观调控和地区均衡方面取得了巨大成果，但同时也产生了意外的结果，即中央政府与市县区政府直接的

---

[1] 叶姗："税权集中的形成及其强化考察近20年的税收规范性文件"，载《中外法学》2012年第4期。

关联度下降，省级政府权威上升。因为税收立法的集权和政策化，使得地方政府在制度上更依靠于省级政府的财政转移支付和政策支持。

五、税收立法模式完善的进一步思考

笔者前述几个部分的分析，主要对中国改革开放后的税收立法历史进行了一个比较全面的梳理，并与之前的税收立法进行了一个初步对比，也比较了美国的财政联邦主义，基本的一个结论就是：基于中国的文化和制度传统，以及 1977 年之前税收立法的探索，中国政府在 1977 年之后不断对税收立法权进行了向中央的集中（与财力下放形成鲜明对比），并促进了中国市场经济的 30 多年的高速发展，但也滋生了税收政策化的弊端。尤其是在 1994 年分税制之后，中国税收立法越来越走向政策化，税收法治化程度走低，亟待增强。基于前文分析和结论，笔者建议从以下方面进一步完善中国税收立法模式。

第一，落实税收法定原则，增加税收立法的法治化程度。对于税收法定中的"法"，要做狭义理解。税收法定原则中的"法"，仅限于狭义的法律，即立法机关通过法定程序制定的法律文件。在中国，就是指全国人大及其常委会制定的法律，不包括行政机关制定的行政法规、规章及其他规范性文件。[1]除此之外，税收法定原则要求所有税收基本要素都由法律规定。虽然修改后的《立法法》第 11 条第 6 项只点出税种的设立、税率的确定和税收征收管理，但其后的"等税收基本制度"意味着纳税人、征税对象、计税依据、税收优惠等税收基本要素都属于税收基本制度，只能由法律规定。

第二，进一步完善税收立法集权化模式。如果从更早的 1949 年以后的税收立法的历史来看，财政联邦主义（1957~1976 年）在中国试行得并不成功。用发源于美国的财政联邦主义来理解 1977 年之后的中国市场经济的

---

[1] 参见刘剑文："落实税收法定原则的意义与路径"，2017 年 9 月 1 日在全国人大常委会第 30 讲专题讲座上的讲稿。

成功，是不符合实际的。前文已经分析了，中国自 1977 年之后税收立法权一直处于向中央集权之中，只不过在 1994 年分税制改革之后进一步强化。向地方分散的是财力而非税权。十八届三中全会决定明确提出"建立事权和支出责任相适应的制度"，而非"事权与财权相适应的制度"。实践也证明税收立法权的上收并不与财力下放相冲突，因而也并不影响整个市场经济的发展。

改革开放之后，关于中央与地方的财政关系在中央文献中的表述经历了"事权与财权相结合""事权与财权相匹配""事权与财力相匹配"和"事权与支出责任相互匹配"的变化。这种中央文献的表述实际上反映了中央政府对于央地财政关系的不断探索。尽管有学者认为事权与财权相匹配的财政联邦主义才是财税体制改革的目标，[1]但经过反复推敲的中央决定中的表达变化绝非只是字眼的变化。从 1949 年新中国建立之后 60 多年的税收立法实践，我们发现"建立事权和支出责任相适应的制度"是符合我们的市场经济发展和政治实践的。归根结底，这是由中国国情所决定的，即中国是一个政治经济发展极不平衡的大国，与周边多国还存在领土争端，国际形势错综复杂等。这些国情以及我们 1977 年之前的经验教训都告诉我们，在政治上要适当集权，在税收领域则表现为中央掌握税收立法权。通俗地讲，地方可以多支出，而且必须承担支出责任，但税权掌握在中央。地方可以在中央授权之下进行授权立法。

第三，进一步完善授权立法制度。强调税收法定原则和税收立法权掌握在中央并不意味着不允许授权立法，相反要充分运用授权立法来补充一些中央立法机关的局限性。比如一些地方性的税种，在中央统一掌握立法权的基础上，考虑到地方的差异性，可以在税率、税目等税收基本要素上授权地方予以合理掌握。2016 年通过的《环境保护税法》就是遵循了这样的原理。具体说来，授权立法分为横向的授权立法和纵向的授权立法。

----

[1] 参见徐阳光："论建立事权与支出责任相适应的法律制度——理论基础与立法路径"，载《清华法学》2014 年第 5 期。

2015 年修订的《立法法》对于横向的授权立法问题进行了规范，即授予的对象和程序进行了基本规定 。[1]这对于授权立法的规范有着十分重大的意义，但是对于中央向地方的纵向授权立法没有涉及，是一个很大的遗憾。下次修改《立法法》或者制定《税收基本法》时，应该对于纵向的授权立法予以规定，并对可被授权的主体、程序、内容予以详细规范。因为中国如此之大，各省之间的差异如此之大，一些涉及地方税的税收法律，尽管地方无税收立法权，中央仍可以授权地方在法定范围内的裁量权。至于被授权对象，以省级人大为限，因为省级人大作为省级权力机关，其合法性更高，且相对中立。

第四，严格规范税收政策，将文件治国控制在有限层面。尽管中国的社会处在急剧转型时期，文件治国短期内无法避免。在文件治国与依法治国的关系上，要认清依法治国将成为社会的主要治国方略。要从上到下[2]都从主观上认清，随着市场经济的进一步发展，依法治国不仅能够最大效率和公平地形成较好的社会治理，而且客观上法治具备了成为社会纠纷主要解决渠道的条件。法治可能对于某个具体到人而言，造成了一定的成本，但是对于整个社会的绝大多数人而言，社会成本会大大降低，从而提高了整个社会的福利水平。[3]因而依法治国本质上不仅是公平的，也是符合效率的。文件治国要严格限制使用，而且要在宪法与法律框架内进行。换句话说，文件治国是在法治无法覆盖的空白地带，而法律无法在较短时间内予以规范时，才从权而办的特殊情形。社会首选的解决规则应该是寻求法律上的救济。

---

[1] 参见《立法法》第 9、10 条。
[2] 即习近平同志所讲的抓住 "领导干部" 这个 "关键少数"，以上率下，形成合力。参见习近平同志在 2017 年主要省部级领导干部贯彻学习十八届六中全会精神研讨班上的讲话。
[3] 参见张学博："文件治国的历史观察：1982-2017"，载《学术界》2017 年第 9 期。

第九章
全球化视野中网络安全法律规则研究

一、问题的提出

第一，网络安全的概念不断扩大，并日益成为一个全球性的治理难题。随着网络黑客的大量出现，人们对于自身在网络上的隐私权日益担心，而且随着大量互联网金融现象的出现，人们的财产权也日益受到网络的攻击。这还仅仅限于个人的私权利。斯诺登事件的爆发，使得各国对于自身的国家网络安全也产生了深深忧虑。"棱镜"项目让美国情报机构能对实时通信和存储在服务器上的信息进行深入监视，任何使用上述服务商的美国公民都是该计划当然的监听对象……其中98%的"棱镜"项目结果基于来自雅虎、谷歌和微软提供的数据。[1]在国内外舆论压力下，奥巴马政府成立了专门委员会调查美国国家安全局的监控问题。此外，美国政府采取了一系列措施，试图重新树立自己在网络空间的道德形象，挽回由于斯诺登泄密事件造成的负面影响。[2]除了隐私、国家安全之外，网络恐惧在网络安全的议题兴起方面也起到了推波助澜的作用。网络恐惧一方面使人倾向于夸大实际面临的网络安全威胁，低估社会承受和应对网络安全

---

〔1〕 Barton Gellman and Laura Poitras, "U. S., British Intelligence Mining Data from Nine U. S. InternetCompanies in Broad Secret Program", The Washington Post, June 7, 2013, http://www. washingtonpost. com/investigations /us-intelligence-mining-data-from-nine-us-internet-companies-in-broad-secret-program/2013 /06 /06 /3a0c0da8-cebf-11e2-8845-d970ccb04497_story. html? hpid=z1.

〔2〕 李恒阳："'斯诺登事件'与美国网络安全政策的调整"，载《外交评论（外交学院学报）》2014 年第 6 期。

问题的能力另一方面还使人易于相信政治家、媒体等对网络威胁的过度渲染，而不是根据客观事实和逻辑常识做出独立判断。[1]网络安全的核心内容经历了从系统安全、信息安全、应用安全，到使用安全、内容安全，再到空间安全的升级过程；网络安全正在更新、融合着国家安全、公共安全等重大传统安全的内容体系；网络安全在体系结构上从内在安全延伸至配套安全。[2]网络空间作为"第五空间"，整体上体现了一国对网域的控制权，当网络空间这一最新"国域"嵌入前四大国域"海、陆、空、天"时，网络安全实体内容日益转化为国家信息安全等安全体系要素，二者在截面呈现出扁平化的"交织"样态。

第二，网络安全领域一个基础性的问题就是网络主权问题。不解决主权这个法理基础问题，就无法在网络空间展开国际法的适用。因此，《塔林手册》只单独使用了"主权"一词，第1条"主权"宣称"一国有权对其主权领土内的网络基础设施和行为实施控制"。[3]2011年发起的"伦敦进程"，是当前围绕网络安全问题的一个独特的国际磋商和对话进程。该进程一方面对于弥补现有多边机制的不足有着重要意义，另一方面在代表性、民主性以及议事日程等方面有着较为严重的缺陷。[4]

美国的网络安全战略具有标杆性指导意义。奥巴马政府突出网络安全战略，使之成为美国国家安全战略的一部分，内容包括：任命"网络沙皇"协调举国网络安全事务；把网络基础设施列为战略资产加以保护；成立网络战司令部，加强网络攻防能力；研发网络安全关键技术。[5]过去20年来，美国一直致力于设计一种战略以应对网络安全挑战，保护美国利益，

---

〔1〕　刘建伟："恐惧、权力与全球网络安全议题的兴起"，载《世界经济与政治》2013年第12期。

〔2〕　郭旨龙："网络安全的内容体系与法律资源的投放方向"，载《法学论坛》2014年第6期。

〔3〕　参见《塔林手册》第1条评注1。

〔4〕　黄志雄："2011年'伦敦进程'与网络安全国际立法的未来走向"，载《法学评论》2013年第4期。

〔5〕　程群："奥巴马政府的网络安全战略分析"，载《现代国际关系》2010年第1期。

始终都不算成功。无效的网络安全保障以及信息基础设施在激烈竞争中受到攻击，削弱了美国力量，使国家处于风险之中。[1]美国近期开始推动专门性立法，以保护网络关键基础设施为中心，侧重政府和私营部门之间的合作以及网络安全信息的共享，但在隐私权保护、行政权行使以及责任承担等方面引发不少争议。[2]北约卓越合作网络防御中心邀请专家组编纂的《塔林手册》号称是完全适用现行国际法的"第一部网络战争规范法典"，而事实上，《塔林手册》在关键法律问题上的规则创制多于对现行国际法律的适用。[3]

第三，如何应对网络安全问题，如何确立相关法律规则？网络空间一跃成为一个国家的"第五疆域"。当前网络空间全球治理处于一种国际无政府状态，面临着国家网络主权与多元治理主体之间、"网络发达国家"与"网络发展中国家"之间以及网络霸权国家与网络大国之间等一系列矛盾冲突的严峻战。[4]目前关于解决网络空间安全问题有两种主要的治理模式：一种是美国所主张的多利益相关方模式；另外一种则是发展中国家所主张的多元合作主义模式。美国提出的"多利益相关方模式"是其单边主义以及先发制人战略在网络空间的延伸，是对主权国家信息主权的不当溶蚀。自上而下的方法不是互联网国际治理的最优解决方案，互联网治理需要利益相关方的共同参与。[5]多元合作主义主张有两条路径可供选择：其一，增加安全公共产品的有效供应，方法是鼓励并吸引更多的非国家行为

---

〔1〕 Center for Strategic and International Studies, "Securing Cyber space for the 44thPresidency: AReportoftheCSIS CommissiononCybersecurityforthe44thPresidency", December2008, http://csis.org/files/media/csis/pubs/081208 securingcyberspace 44. pdf, p. 11.

〔2〕 刘金瑞："美国网络安全立法近期进展及对我国的启示"，载《暨南学报（哲学社会科学版）》2014年第2期。

〔3〕 陈顾："网络安全、网络战争与国际法——从《塔林手册》切入"，载《政治与法律》2014年第7期。

〔4〕 檀有志："网络空间全球治理：国际情势与中国路径"，载《世界经济与政治》2013年第12期。

〔5〕 崔聪聪："后棱镜时代的国际网络治理——从美国拟移交对ICANN的监管权谈起"，载《河北法学》2014年第8期。

体进入网络安全议程，通过沟通行动和政治协商与国家公平分配安全责任、一道供应安全公共产品。其二，网络空间"去权威化"和技术自治依靠共识精神、自律和自下而上的政治协商实现民主自治。[1]美欧在网络安全理念上的分歧、数据安全流动的矛盾和美国的双重标准，不利于美欧合作的顺利进行。美国和欧盟在互联网领域的合作和竞争将持续下去。[2]欧盟现在考虑更多地吸取印度、巴西、中国和俄罗斯等国的观点，使得多利益攸关方模式真正能够兼容并蓄。在信息和通信的全球管理方面，互联网治理将继续产生机制创新。[3]

所以，归纳起来，目前全世界关于网络安全的问题集中在三个方面：一是，网络安全的概念范围不断扩大，涉及公民隐私权、财产权、国家安全战略等系列法律问题，既包括国内法问题，也包括国际法问题；二是，围绕网络主权问题，究竟是否承认网络主权问题是美国与其他国家争论的焦点；三是，如何应对全球性的网络安全问题？是美国治理模式还是多元合作主义？相关法律规则如何确立？那么本章以下内容则围绕这些问题进行展开。

二、网络安全的主要法律问题

（一）公民隐私权

在互联网领域，公民的隐私权与传统的隐私权并不完全一致，这可能与我们的常识相违背。按照传统的民法观念，一个绝对的权利观念是放之四海而皆准的，不论是在实体领域还是互联网的网络空间中。然而事实并非如此。在网络空间领域，如果按照传统的隐私权概念，个人电脑中的一切文件和软件程序都是自己的私人物品，如果有人对此进行了扫描，就已经侵犯了个人的隐私。但是安全和隐私在某种程度上是相互矛盾的。如果

---

〔1〕　董青岭："多元合作主义与网络安全治理"，载《世界经济与政治》2014年第11期。

〔2〕　李恒阳："后斯诺登时代的美欧网络安全合作"，载《美国研究》2015年第3期。

〔3〕　MltonL. Mueller, Networksand States: The Global Politics of Internet Governance (Cambridge, Mass achu setts: MIT Press, 2010), p. 2.

安全软件商不能对用户的电脑和软件进行扫描，那么安全软件商就无法对用户电脑中是否有病毒进行排查。用户如果需要对自身电脑排查病毒等安全问题，则必须对安全软件商进行授权并信任他们。

所以，现实的考虑是在互联网领域公民的隐私权应该降低标准，以安全软件商不滥用这种信任为界限，即安全软件商只去扫描那些可疑软件和信息。如果安全软件商利用用户的授权，对用户的个人浏览记录、个人信息、使用其他软件情况、密码等信息进行扫描和记录，毫无疑问就构成了对公民隐私权的侵犯。[1]公民隐私权与空间有密切关系。比如9·11事件之后，美国公民的隐私权在一定程度上受到了限制。对恐怖主义的担心、对安全的需求都迫使公民放弃了部分隐私权给政府，或者降低了隐私权的标准。而在网络空间领域，政府曾经尝试对网络进行彻底监控管制来保证用户的安全，但遭到了网民的强烈抵制。比如绿坝软件的安装遭到了网民的强烈攻击，认为是对公民隐私权的强烈侵犯。同时，和前互联网时代的武器制造与使用相比，发动网络攻击的技术门槛大大降低，并使以国家为目标的网络战与一般的网络攻击之间的界限模糊不清，原先存在于核战争时代的战争规则与策略也不再适用。[2]

面对不确定的网络攻击，国家无法像提供传统公共品一样承担整个网络空间的防卫，而只能聚焦于国家基础设施和政府部门信息设备的安全；同时由社会中大量的企业和个人用户负责自己的安全，安装安全软件采取私力救济。[3]在互联网上，海量的信息使得由政府来承担网络空间中每个人的隐私权变得成本极为高昂。此时，由企业和个人来自己负责自己安全的方式，既可以防止政府过度侵入到私人的隐私领域，同时又为政府节约了公共财政资金，这当然是最好的治理方式。正是因为如此，才产生了像奇虎360这样的专业杀毒软件公司，也才会产生奇虎360和腾讯QQ之间

---

〔1〕 胡凌："网络安全、隐私与互联网的未来"，载《中外法学》2012年第2期。

〔2〕 Richard A. Clarke and Robert K. Knake, Cyber War: The Next Threat to National Security and What to Do About It, New York: Ecco, 2010.

〔3〕 胡凌："网络安全、隐私与互联网的未来"，载《中外法学》2012年第2期。

的大战。[1]总之，在网络安全中涉及的隐私权问题，人们一方面希望获得网络安全，另一方面又希望政府不要过度侵入个人隐私，那么作为第三方面的企业来承担此责任就正逢其时了。正因为这个蛋糕太大，所以才会有大量的互联网巨头希望凭借自己的市场支配地位来独占此蛋糕。现实的考虑是对其进行较明确的界定。比如腾讯公司的定义：个人隐私指"那些能够对用户进行个人辨识或涉及个人通信的信息，包括下列信息：用户的姓名、身份证号、手机号码、IP 地址，电子邮件地址信息"。而非个人隐私指"用户对本软件的操作状态以及使用习惯等一些明确且客观反映在腾讯服务器端的基本记录信息和其他一切个人隐私信息范围外的普通信息"。[2]

（二）财产权

如果说传统的个人隐私权使得网络安全问题引起了人们关注的话，那么互联网金融的兴起则使公民的财产权保护成为网络安全问题的重大议题。由于银行等传统金融机构都推出了网上银行、电子银行等业务，传统上依赖于柜台的金融行为都可以通过网络来进行，这使得对方只要掌握了客户的账号和密码就能够直接把客户的财产直接转走。手机银行的出现更加加大了客户的财产被侵害的风险。另外互联网的兴起导致虚拟财产的出现，也大大拓展了财产权的范围。

网络中常见的游戏账号、游戏道具、QQ 号码、游戏币就属于具备以上特征的虚拟财产。其中，最为典型的表现是网络游戏中的游戏资源，即正在运营的虚拟游戏中一切以数据方式存在的资源，包括游戏角色、游戏道具、装备及游戏环境虚拟货币等。[3]现实生活中大量游戏玩家账号、装备被盗的案件发生。比如"红月"案。原告网络游戏玩家李某晨在两年时

---

〔1〕　张学博："中国互联网反垄断第一案：360 诉腾讯案引发的反垄断法思考"，载《长春市委党校学报》2014 年第 4 期。

〔2〕　腾讯的《软件许可及服务协议》。

〔3〕　林旭霞："虚拟财产权性质论"，载《中国法学》2009 年第 1 期。

间里，共花费几千个小时的精力和上万元的现金，在一个名叫"红月"的游戏中积累和购买了虚拟的"生物武器"几十种，但这些装备却在 2003 年初不翼而飞了。后经查证，这些"装备"被另外一个玩家盗走了，但游戏运营商拒绝将盗号者的真正资料交给李某晨。于是，李某晨以游戏运营商未履行对其虚拟财产的安全保障义务，造成他的私人财产损失为由，将北极冰科技发展有限公司告上了法庭。原告的这一请求得到了法院的支持。法院判令被告将李某晨在红月游戏服务器内丢失的虚拟装备予以恢复。[1] 比特币[2] 的出现更是颠覆了人们对货币的传统观念。尽管不少国家（包括中国）在内目前尚不承认比特币是货币，但是作为一种虚拟财产，比特币在网络世界中无疑有获得越来越多承认的趋势。这种虚拟财产权的不断涌现，也为网络安全带来了越来越多的挑战。世界最大规模的比特币交易所运营商 Mt. Gox 2014 年 2 月 28 日宣布，其交易平台的 85 万个比特币已经被盗一空，这一消息对于众多投资者来说，无疑是一枚重磅炸弹。[3]

虚拟财产的出现，使得公民的财产权越来越呈现出虚拟化的情形，这既给传统的民法理论带来了挑战，也给现实生活中如何保障公民的财产权利带来了挑战。因为公民的虚拟财产权与其个人隐私密切相关，政府过度介入会引发公民的反对。另外，从技术上讲，由于网络攻击本身的不确定性和无限性，即便是国家介入，相对黑客，在技术上并不一定占据绝对优势。美国五角大楼屡次被网络黑客攻击就是一个典型的案例。所以，随着移动互联网、云计算、大数据时代的到来，如何保护公民的财产权安全成了新时代的重大课题。

---

〔1〕 参见北京市第二中级人民法院 ［2004］ 二中民终字第 02877 号判决书。

〔2〕 比特币是一种纯 P2P 的虚拟货币，能够满足去中心化、严格控制货币供给速度、预估货币流通总量、有效遏制通货膨胀的需求。参见贾丽平："比特币的理论、实践与影响"，载《国际金融研究》2013 年第 12 期。

〔3〕 "Mt. Gox 高管承认比特币被盗一空　损失约 4.7 亿美元"，载 http://www.evolife.cn/html/2014/75869.html，最后访问日期：2016 年 7 月 14 日。

（三）公共安全问题

如果说隐私权和财产权问题只是公民个人的信息安全问题的话，那么随着互联网时代的到来，大量的国家信息也都依赖于网络，存储于网络之中，那么这些信息的网络安全问题就会直接影响到国家安全问题。斯诺登事件的爆发，各国反应最强烈的实际上各国政府本身的信息安全受到了美国政府的侵入。网络黑客们让各国政府担心政府的信息安全问题，而斯诺登事件则揭示了美国政府作为全球最大的互联网官方机构滥用自身权力对各国政府进行监控的事实。

传统的网络安全是网络的物理安全，是狭义的网络安全。"系统安全"的刑法保护中（《刑法》第285条）包含的"国家事务、国防建设、尖端科学技术领域"就暗含了网络安全成为公共安全和国家安全的可能领域，而这一可能在当前网络阶段几乎每天都在成为现实。而且在草案起草时提议过的领域和现在理论界多次提起的领域，例如航空、交通、医院等领域，都正在成为威胁公共安全和国家安全的常见领域。正是在这种严峻形势下，2014年2月27日，"中央网络安全与信息化领导小组"宣告成立，中共中央总书记、国家主席、中央军委主席习近平亲自担任组长，李克强、刘云山任副组长，体现了中国在保障网络安全、维护国家利益、推动信息化发展的决心。[1]

公共安全又可以细分为普通的公共安全和国家安全两个层面。普通的公共安全是指《刑法》第114条中规定的"以危险方法危害公共安全罪"。例如，2004年最高人民法院《关于审理破坏公用电信设施刑事案件具体应用法律若干问题的解释》第1条规定"造成火警、匪警、医疗急救、交通事故报警、救灾、抢险、防汛等通信中断或者严重障碍，并因此贻误救助、救治、救灾、抢险等，致使人员死亡一人、重伤三人以上或者造成财产损失三十万元以上的"，属于《刑法》第114条规定的"危害公共安

---

[1]　参见"中央网络安全和信息化领导小组成立"，载 http://news. xinhuanet. com/zgjx /2014-02/28/c_133149243. htm，最后访问日期：2016年7月14日。

全"。〔1〕公共安全毫无疑问受到各国广泛关注，但更为各国政府重视的是网络对于国家安全的挑战。2013 年 3 月 12 日，美国公布了《美国情报界全球威胁评估报告》，将美国面临的网络威胁界定为网络攻击和网络间谍，它们甚至已经取代恐怖主义，成为美国的头号威胁，并强调网络安全威胁的非对称性。〔2〕

2014 年 4 月 15 日，习近平主持召开中央国家安全委员会首次会议，强调要准确把握国家安全形势变化的新特点新趋势，坚持总体国家安全观，走出一条中国特色的国家安全道路。〔3〕中国应积极建构防御性网络空间战略，继续坚持和平发展道路，避免深陷网络军备竞赛，增加网络国防透明度，努力与其他国家建立一定程度的网络安全互信，共同合作打击网络恐怖主义、网络犯罪，从而维护国家信息主权、安全和发展利益。〔4〕

三、全球化背景下的网络主权和网络安全

由于互联网是一个无国界的空间，所以从一开始，以美国为首的西方世界就鼓吹互联网是言论自由和人权价值观的重要空间，反对中国等发展中国家对网络实现任何形式的管制。

但是最终斯诺登事件的爆发，美国国家安全部门对其他主权国家公民的个人信息进行监控的事实被曝光，使得美国政府陷入尴尬的境地。由于除了英国之外的欧洲国家也被美国国家安全部门进行监听，甚至包括他们

---

〔1〕 在这一解释的专家论证会上对于修改软件、数据也进行了讨论，专家们认为"破坏"应当包括功能性破坏的方式，可以说这种解释能正确、及时地反映社会现实的不断变化，符合立法精神和刑法原理，体现了司法解释的价值。参见张军主编：《解读最高人民法院司法解释之刑事卷》（下），人民法院出版社 2011 年版，第 211 页。

〔2〕 James R Clapper："World Threat Assessment of the US Intelligence Community"，April 11，2013，http://www.dni.gov/files/documents/Intelligence% 20Reports/2013% 20WWTA% 20US% 20IC% 20SFR%20% 20HPSCI%2011%20Apr%202013.pdf，p.1

〔3〕 参见"习近平：坚持总体国家安全观，走中国特色国家安全道路"，载 http://news.xinhuanet.com/2014-04/15/c_1110253910.htm，最后访问日期：2014 年 4 月 15 日。

〔4〕 颜琳、陈侠："美国网络安全逻辑与中国防御性网络安全战略的建构"，载《湖南师范大学社会科学学报》2014 年第 4 期。

的国家首脑，这使得欧美国家之间的安全互信大大降低。欧洲国家也逐步倾向于网络世界同样存在着主权的概念。

美国的《国土防卫暨民防支援战略》（2005年）与加拿大的《网络安全战略》（2010年）都曾将网络定位为全球公域。到2011年，美国的《网络空间国际战略》一方面把信息自由树为网络世界的运行原则，一方面又声称国家在网络空间遭网络攻击后享有自卫权。[1]斯诺登事件的爆发，使得很多国家和网民支持互联网主权化，网络地缘政治倾向也日益明显。美国所鼓吹的互联网无国界的理念，被其国安部门的监控行为所打碎。这再次说明了时至今日，国际社会的最高行为准则仍然是主权国家的利益。网络安全同环境问题一样，都是主权国家的问题，需要各国合作来解决，但在解决的过程中，主权国家的利益仍然是最高的行为准则。

《塔林手册》和伦敦进程是美国和英国试图通过国际法律规则来解决网络安全的两次尝试，但是美国在这个手册里却回避了包括中国在内的网络后发国家最关注的问题：网络主权，而伦敦进程则表现出缺乏民主性等种种缺陷。《塔林手册》试图通过物理实体和基础设施来对主权进行限制，这与网络空间的无限性似乎不无矛盾之处。虽然许多技术专家希望网络空间能成为脱离政府的"自由王国"，可事实上，网络空间联系着现实世界，不可能成为脱离管辖的领地。[2]

伦敦进程所存在的最大问题仍然是欧洲国家的价值观外交问题。欧美国家一方面希望在网络安全领域展开全球合作，但同时害怕国际法规则使得所谓"极权国家"加强合法的网络管制，影响其价值观外交和意识形态的推广，所以在任何国际议题上都念念不忘其价值观控制和意识形态主导。2013年2月出台的新版《欧盟网络安全战略》，表达了欧美国家试图在伦敦进程中传递的价值观："开放和自由的网络空间提供了自由表达和

---

〔1〕　朱莉欣："《塔林网络战国际法手册》的网络主权观评介"，载《河北法学》2014年第10期。

〔2〕　Jack Goldsmith and Tim Wu, *Who Controls the Internet? Illusions of a Borderless World*, New York: Oxford University Press, 2006. p. 149.

行使基本权利的场所，并使人民有更多渠道追求民主和更加公正的社会。那些欧盟在现实社会所支持的规范、原则和价值也应当在网络空间得以运用。基本权利、民主和法治应当在网络空间得到保护。"[1]这种价值观外交优先于网络安全的观念深深影响了欧美国家在国际网络安全法律规则中的态度和立场。

由于网络安全在技术上的无国界，制定比较清晰的国际法规则显然有利于国家之间在网络安全领域的合作。但是欧美国家担心清晰的国际法规则使得其价值观和意识形态推广难以通过"阿拉伯之春"的方式进行，所以回避采取国际法规则的方式来解决网络安全问题。这样，欧美国家就可以采取双重政策来进行操作。当他们要面对那些价值观和文化制度与其不同的国家时，就鼓吹网络世界的开放和自由。当他们面对本国所面临的网络安全时，则通过国内法规来对本国网络世界（包括外国公民）进行管制，同时要求别国进行配合。美国就是一个典型的案例。一方面美国作为互联网领域控制主要基础设施的互联网强国，并通过大量国内立法对网络安全进行政府管制，甚至国家安全系统会绕开法律对外国公民的个人信息进行监控；另一方面却对包括中国、印度在内的后发互联网大国主张网络空间的绝对自由，并攻击中国、印度存在大量的网络黑客行为。[2]

以实力保安全可被视为"先占者主权"原则在网络安全领域的实践，强调国家自身的实力和能力要素，倾向于将单一或者少数国家的网络安全标准扩展为全球网络安全的共同标准，美国的网络安全战略是以实力保安全的典型体现。[3]这也是美国在国际法领域所采取的一贯原则。因为对于发达国家而言，尤其是在网络空间这种高科技领域，他们已经先行占领了

---

[1] European Commission, Cybersecurity Strategy of the European Union: An Open, Safe and Secure Cyberspace-Joint Com-munication to the European Parliament, the Council, the European Economic and Social Committee and the Committee of the Regions [JOIN (2013) 1 final], 7 February 2013, p. 2.

[2] See e. g. David E. Sanger, Obama Order Sped Up Wave of Cyberattacks Against Iran, in New York Times, June 1 2012, at A1.

[3] 沈逸："以实力保安全，还是以治理谋安全？——两种网络安全战略与中国的战略选择"，载《外交评论（外交学院学报）》2013年第3期。

技术和规则的制高点，并且在文化和理念上拥有优越感，所以面对新兴的互联网大国如中国、印度，则采取价值观鼓吹，并实行国外国内双重标准，既要求其他国家配合其应对网络安全问题，同时又拒绝网络主权概念，拒绝其他国家对网络进行过多干预，所以在国际法律规则制定方面一直采取既要主导话语权，又不愿意将网络主权法律规则化的矛盾状态。作为后发的新兴互联网大国，中国应该积极参与网络安全国际法律规则制定，获得话语权，同时在国际法律规则尚未成型时，学习借鉴欧美国家的成熟经验，积极主张网络主权，对网络安全问题尽快制定相应的国内法规则。

四、民族国家视野中网络安全的法律规则建构

维护网络安全是各国共同面对的世界性难题，各国网络安全战略重要举措体现出某种程度的共通性，以及遵循网络安全保障规律的一致性。但同时各国在网络安全议题上的立场不同，体现了其内在追求的利益不同。所以，中国网络安全的法律规则建构可以考虑以下方面问题。

第一，网络安全需要全球合作治理，但网络安全的基本出发点必须是中国自身的利益。当今世界，中国处于纵向的文明转型（从农业文明向商业文明转型）和横向的国际竞争[1]之中，不论是发达国家，还是后发国家，在国际议题的解决上的基本立场都是民族国家的自身利益。从前文英美国家在网络安全中的双重标准，我们可以看到当今世界还没有哪个国家会把自身国家的利益放在国际利益之后。对于这一点，中国政府必须十分清醒，不可用过于理性主义的情怀来制定我们的网络安全战略和法律规则。

第二，加强网络安全领域理论研究，对相关战略问题进行深入研究。在维护网络安全过程中，存在绝对安全、相对安全与合作安全三种不同的

---

〔1〕　详细论述参见张学博："国际竞争视野下中国市场经济的法律保障"，载《郑州航空工业管理学院学报》2013 年第 1 期。

逻辑。

第三，抓住关键节点，积极参与制定网络安全国际法律规则。面对美国主导的《塔林手册》，英国推动的"伦敦进程"，中国应该启动中国主导的网络安全议程，在网络安全国际法律规则方面取得中国的话语权，并积极推动国际社会对网络主权的承认。通过战略调整网络安全领导体制机制以强化综合协调，将国家关键基础设施和政府网络信息系统作为国家战略保护的重点，强化网络安全事件应急响应和恢复能力，全面加强网络安全领域的公私合作和国际合作，提升国民网络安全意识和技能以及加强网络安全人才培养等。[1]中国网络安全需要强调国家行使网络战争上的自卫权必须遵循一定的范围和限度；加强国内网络安全立法，以期形成国际示范进而达成国际习惯法规则；在"总体国家安全观"指导下推动网络安全的国际立法，避免网络空间的"军事化"。[2]

第四，配套法律规则的建设。平台服务商是重要的网络服务提供方，提供的是整体的传播资源和聚合的媒介途径，在网络空间中是重要的共治主体。国内外的刑事司法、立法都有对网络服务商管理责任的规定，也在不断地尝试回应现实问题。我国的立法和司法应当进一步转变视角，从平台方的角度对已有法律和司法解释进行调整、完善和补充，并根据需要增设必要的行为规范。[3]

---

〔1〕 王舒毅："世界主要国家网络安全建设经验及启示"，载《当代世界与社会主义》2015年第 4 期。

〔2〕 陈颀："网络安全、网络战争与国际法——从《塔林手册》切入"，载《政治与法律》2014 年第 7 期。

〔3〕 李源粒："网络安全与平台服务商的刑事责任"，载《法学论坛》2014 年第 6 期。

第十章
非税收入的法理基础分析及法律规制

　　基于国际比较和中国国情，非税收入可区分为统计意义上的经济概念和规范意义上的法律概念。在进行国际比较（比如税负比较）时，可以采取国际货币基金组织所采纳的统计概念，将非税收入界定为赠与收入+其他收入（排除土地出让金）。在国际通行的经济概念之下，中国的非税收入占财政收入的比重并不高。基于土地出让金占据中国财政收入中的比重如此之大，在法律上探讨非税收入并予以规范时，应该采取比较中观的概念，将非税收入定义为依据国家权力、政府信誉和国有资本（资产）取得的各项收入。对应的非税收入设定的法理基础包括个别人付费理论、所有权人权益理论、财政联邦主义三种。非税收入法律规制的基本原则包括非税收入法定原则、非税收入公平原则、非税收入效率原则、非税收入透明度原则。在参考改革开放 40 年中国税收立法经验和借鉴国外非税立法先进经验基础上，中国的非税收入立法可以考虑中央集权和地方适度分权相结合的混合模式。具体来说，可先行制定《非税收入管理条例》，然后逐步出台《政府性基金法》《行政事业性收费法》等非税收入实体法，在此基础上再制定《非税收入总则》和《非税收入征管法》。

　　近年来，关于非税收入高速增长的文章比比皆是，这在减税降费以改善营商环境的大背景下显得十分引人注目。[1]但包括媒体和公众在内，本

---

　　〔1〕　比如有观点认为："近些年，非税收入增速大大超过税收收入，非税收入占税收收入比重不断攀升；而且从国际比较来看，我国的非税收入也处于偏高水平。非税收入增长的背后一定有深层次的体制原因，根源还在于政府与市场的边界不清以及非对称分税制的驱动。在各级政府深

身对于非税收入的基本概念没有一个十分清楚的界定，而且中国国情下的非税收入与其他国家所使用的非税收入的概念的内涵也有较大区别，这都对政府及公众客观了解非税收入的功能及如何在法律上予以规范都带来了较大困扰。学者们对非税收入的概念和法律规制进一步了探索性研究。比如贾小雷博士对非税收入法律关系的共性及法律类型进行了探讨，[1]谭立教授对非税收入构成要件[2]及非税收入设立权[3]进行了研究。但学界对于非税收入的法理基础问题仍然缺乏全面深入的探讨，比如非税收入的法律概念、法律分类、法律原则等。本章试图在现有研究基础上，对于非税收入在法律层面的概念、分类和法律原则等予以进一步提炼，并对非税收入的法律规制路径提出建议。

一、非税收入的概念及特征

非税收入是中国财政收入的重要组成部分。基于非税收入的不同定义，不同国家也难以对非税收入在整个财政中的比重及其功能进行比较。比如美国联邦政府定义的非税收入是指："广义上包括联邦政府为具体的个人或组织提供产品或服务而收取的所有费用，狭义上仅包括对具体个人或组织超出公众获益部分收取的成本补偿费用。"[4]具体来说包括使用费、规费、受益税、损害税。可见美国联邦政府的非税收入基本相当于中国的行政事业性收费和部分政府性基金。从各国情况比较来看，非税收入是世

(接上页) 深度介入经济、政绩竞争、支出压力沉重的情况下，地方自主税权的缺乏，使得对非税收入追逐的内在机制不可能阻断。"参见李一花："非税收入的超常增长问题亟待解决"，载《中国社会科学报》2019 年 2 月 18 日。

[1] 参见贾小雷："我国非税收入法律规制与国家财权治理的现代化"，载《法学论坛》2017 年第 4 期。

[2] 参见谭立："非税构成要件界定的必要性及其内容"，载《社会科学战线》2014 年第 3 期。

[3] 参见谭立："政府非税收入设立权及其配置"，载《社会科学战线》2015 年第 11 期。

[4] Reischauer R D. The Growth of Federal User Charges，CONGRESSIONAL BUDGET OFFICE (US CONGRESS) WASHINGTON DC，1993：3.

界各国普遍存在的财政收入形式，只是通常发达国家财政收入中非税收入的比重要比发展中国家低很多。大概而言，发达国家非税收入占财政收入的比重在 4%～8%，很少超过 10%，但是发展中国家非税收入占财政收入的比重一般要超过 10%。一个重要原因就是发展中国家一般都是资源型国家，国家资源收益比重较高，还有不少发展中国家长期接受国外捐赠，因而资源收入和政府捐赠收入比重较高。但是也有例外的，比如挪威作为一个发达国家，其资源收入占财政收入的比重也很高。[1]另外，由于各国政府层级不同，比如中国是五级政府，而美国是三级政府，而且国家组成形式不同，因而要简单比较非税收入也变得十分困难。

所以，要进行国际比较研究并对非税收入进行法律规制，首先要从法理上界定非税收入。基于中国国情，非税收入既非字面意义上的"除了税收以外所有的财政收入"，也并非民间所理解的"政府收费"和传统上的"预算外收入"。最新的官方定义是指"除税收以外，由各级国家机关、事业单位、代行政府职能的社会团体及其他组织依法利用国家权力、政府信誉、国有资源（资产）所有者权益等取得的各项收入"。[2]这个概念相比2004 年的《关于加强政府非税收入管理的通知》中的定义，[3]精炼了很多。2004 年的概念虽然比较冗长，但也揭示了非税收入的一个重要理论基础：准公共产品。即相当一部分非税收入是政府在提供准公共产品时的成本收费。例如很多行政事业性收费。但是这个理论只是解释了一部分非税收入的理论基础，并没有解决大部分非税收入的理论基础问题，所以 2016年的《政府非税收入管理办法》对这个概念进行了修订。新修订的"非税收入"的概念从法律主体资格、征收理由两个方面进行了描述。

---

〔1〕　参见邓秋云："基于 GFSM（2014）的广义政府非税收入国别（地区）比较"，载《国际税收》2019 年第 12 期。

〔2〕　参见《政府非税收入管理办法》（财税〔2016〕33 号）。

〔3〕　政府非税收入，是指除税收以外，由各级政府、国家机关、事业单位、代行政府职能的社会团体及其他组织依法利用政府权力、政府信誉、国家资源、国有资产或提供特定公共服务、准公共服务取得并用于满足社会公共需要或准公共需要的财政资金，是政府财政收入的重要组成部分，是政府参与国民收入分配和再分配的一种形式。

另外也需要考虑国际上其他国家的通行做法，寻找最大公约数。GFS 自 2001 年起将政府收入划分为税收收入、社会缴款、赠与收入和其他收入四大类，GFSM（2014 年）依旧沿袭这一分类标准。一方面，该标准极大地概括和简化了各国五花八门的收支体系，充分适应各级政府非税收入项目包罗万象的特点，使各经济体各级政府之间的非税收入规模具备一定的可比性。[1]中国政府目前预算体系中包含四部分：一般公共预算、政府基金预算、国有资本经营预算、社保基金预算。国际上通常将非税收入的范围界定为税收收入和社会保险收入之外的收入（赠与收入+其他收入）。

这种统计方法把土地出让金排除在非税收入之外。[2]在目前中国的财政收入中，基于土地出让的收入是广义的非税收入中最庞大的部分。如果排除了基于最主要的国有资产的收入，固然可以与其他国家进行比较好的比较，但是也面临着理论脱离中国国情实践的问题。因为造成这种差别的主要原因是基本经济制度的不同，基于公有制为主体的基本经济制度，中国可以有庞大的土地出让收入。所以在进行国际比较时可以借鉴国际货币基金组织的概念。但是在考虑非税收入法律规制时，不能将这么庞大的财政收入（土地出让金）置于法律框架之外。《政府非税收入管理办法》采取类型化列举非税收入的取得依据是符合中国国情实践的。

第一，只有各级国家机关、事业单位、代行政府职能的社会团体及组织才能取得非税收入。这是对非税收入主体的界定。所以其他组织比如企业或者个人取得的收入就不可能是非税收入。另外这个主体相比税收也略

---

〔1〕 GFS 是国际货币基金组织（IMF）从 1986 年开始着手建立的一套财政收支统计标准，通过一一甄别和比对，能够最大限度地将各国财政收入纳入一个相同的口径进行统计分析和比较研究。目前该体系包含全球 193 个经济（含区域板块、国家或地区）的财政数据，是世界上运用最为广泛的政府收支统计体系。GFSM（2014）：Government Finance Statistics Manual（2014），即《2014 年政府财政统计手册》，具体说明 GFS 财政数据的统计框架。

〔2〕 广义政府收入不包括国有土地使用权出让收入，是因为根据 IMF《政府财政统计手册》的定义，政府收入是指增加政府权益或净值的交易，国有土地出让行为是一种非生产性资产的交易，结果只是政府土地资产的减少和货币资金的增加，并不带来政府净资产的变化，不增加政府的权益，因而不计作政府收入。

有不同。税收的征收主体仅限于国家，[1]所以非税收入的取得主体要相对宽泛一些。但是非税收入只有省级以上政府及其财政、价格部门可以设立和征收。根据目前的部门规章，目前非税收入项目设定大致包括行政事业性收费、政府性基金、国有资源（资产）有偿使用收入、国有资本收益等12类。

第二，《政府非税收入管理办法》将非税收入的取得依据归纳为三种：国家权力、政府信誉、国有资源（资产）所有者权益。在《政府非税收入管理办法》列举的12种非税收入中，只有行政事业性收费、政府性基金、罚没收入属于基于国家权力取得的收入，而政府接受的捐赠收入、特许经营收入、彩票公益金收入则属于基于政府信誉取得的收入，国有资源有偿使用收入、国有资本收益属于基于国有资源所有权的权益。

第三，非税收入法律关系是以实现公共目的为最终指向，进而为实现该目的筹措公共用途资金的收入分配行为。在现实中，无论非税收入是利用政府权力、政府信誉、国家资源、国有资产取得收入，抑或是前述主体通过提供特定公共服务、准公共服务取得的收入，其收入目的都是用于应对社会公共需要的财政性资金。[2]

综上所述，可以将非税收入区分为统计意义上的经济概念和规范意义上的法律概念。在进行国际比较（比如税负比较）时，可以采取国际货币基金组织所采纳的统计概念，将非税收入界定为赠与收入+其他收入（排除土地出让金）。但是在法律上探讨非税收入并予以规范时，应该采取比较中观的概念，将其定义为依据国家权力、政府信誉和国有资本（资产）取得的各项收入。本章从法律视角探讨非税收入，故主要采取规范意义上的法律概念。尽管《政府非税收入管理办法》列举了非税收入的主体和取得依据，但是并没有完全阐述非税收入的具体分类及法理依据等问题。相

---

〔1〕　参见刘剑文、熊伟：《财政税收法》（第4版），法律出版社2009年版，第143页。

〔2〕　参见贾小雷："我国非税收入法律规制与国家财权治理的现代化"，载《法学论坛》2017年第4期，第4页。

比税收收入的共通性比较明显，非税收入的最大特征是分类庞杂，各种非税税收的特征不同，所以要从法理上理清非税收入的法理依据，需要先对非税收入进行类型化处理。

二、非税收入之类型化处理

（一）如何管理：基于收支管理的分类

2014 年修正的《预算法》提出了全口径预算的理念，《政府非税收入管理办法》第 32 条也规定"根据非税收入不同性质，分别纳入一般公共预算、政府性基金预算和国有资本经营预算管理"。根据《预算法》的规定，我国预算包括了一般公共预算，政府性基金预算，国有资本经营预算和社会保险预算。根据非税收入与国家预算的隶属关系为分类标准，可以得出以下的分类：政府性基金收入和国有资本收益则实行单独预算；彩票公益金按照政府性基金管理办法纳入预算，也可划归政府性基金收入；而其他包括行政事业性收费、罚没收入、国有资源（资产）有偿使用收入、特许经营收入等其他的非税收入应纳入属于一般公共预算。但是在预算实践中，国有资本经营收入预算也在一般公共预算中有体现。而作为最大的国有资源（土地）有偿使用收入则按照政府性基金预算管理。这种分类方式更多侧重国家管理的视角，能够全面地涵盖所有项目，使各项非税收入在形式上有所归属，但很难在理论上予以清晰的提炼。

（二）为何征收：基于收入目的的分类

若是以非税收入征收的目的为标准，可以将非税收入分为五大类[1]：第一类，负外部效应矫正性非税收入，如行政事业性收费中的污水处理费、海洋废弃物倾倒费等；第二类，成本补偿性非税收入，如行政事业性收费中的考试劳务费、证照费、商标注册收费等；第三类，资产资源性非税收入，国有资源（资产）有偿使用收入和国有资本收益则是此类的典

---

〔1〕 贾康、刘军民："非税收入规范化管理研究"，载《华中师范大学学报（人文社会科学版）》2005 年第 3 期。

型；第四类，行政司法管理（管辖权）性非税收入，如行政事业性收费中的保险业监管费、银行业监管费，政府性基金、罚没收入等；第五类则是其他非税收入，如彩票公益金收入、政府收入的利息收入。这种分类方式相较于前一种更具有抽象性，但从前文的归纳可以发现，种类繁多的行政事业性费可以同时归入负外部效应矫正性、成本补偿性、行政司法管理（管辖权）性中，即出现了交叉的现象。

（三）依何征收：基于收入性质的分类

从非税收入的概念出发，根据收入取得的依据，非税收入可划分为利用国家权力、政府信誉和国有资源（资产）所有者权益取得的各项收入，政府在这三类收入取得的过程中扮演着不同的角色。第一类，基于国家权力取得的非税收入，主要是指政府作为公共权力的执行者的形象，基于提供服务或者规范管理的职能进行的费用征收，包括行政事业收费收入、政府性基金收入、主管部门集中收入以及罚没收入。第二类，基于国有资源（资产）所有者权益取得的非税收入，主要是指政府作为市场经济主体行使经济权利通过市场交易所获得的收入，包括国有资本经营收入和国有资源（资产）有偿使用收入、彩票公益金收入、特许经营收入，和政府收入的利息收入。第三类，基于政府信誉取得的非税收入，主要是指政府作为经济运行的宏观调控者进行的财政行为，如中央银行收入；另外，以名义接受的捐赠收入与政府信誉的密切联系，也可划入这一分类。这一分类，既完整地对所有事项进行了划分，又较不同分类之间界线清楚，并突出了各类收入自身的性质，能更好地反映非税收入的完整面貌和特点。

在这种划分中，基于国家权力取得的非税收入主要是国家提供准公共产品给部分个人，所以兼有公共利益和私人利益；基于国有资源（资产）的所有者权益实质上是国家的营利性收益；基于政府信誉取得的非税收入则是国家作为主权者的一种收益。

三、设定非税收入的法理依据

（一）个别人付费理论

现代国家中的政府已逐步从管理型政府向服务型政府过渡，政府基于国家权力取得的这部分非税收入，可以根据其设定的目的再细分为规制性收费和服务性收费，前者以罚没收入为代表，是政府为了实现公共管理职能而进行的强制性收费。而后者则是以证照费为代表的基于提供公共服务职能向特定受益者进行的成本补偿型收费。相比税收收入征收的普遍性和无偿性，非税收入的收取遵循的违规者付费和受益者付费统称为个别人有偿付费的方式，其征收对象更有针对性，避免公共财产为个别权利买单的情形。

传统的准公共产品理论只能解释服务性收费的合法性，外部性矫正理论只能解释罚没收入和排污费等惩罚性政府收费的合法性，而个别人付费理论则综合了准公共产品理论和外部性矫正理论，较好地解释了行政事业性收入及专项收入这一大类非税收入的合法性问题。

（二）所有权人权益理论

经济基础决定上层建筑，公有制为主体的基本经济制度决定了我国的产权结构以公共产权为主。市场经济是优化资源配置的最佳途径，改革开放以后，公共产权逐步市场化，国家通过市场交易对国有资产使用权的转让、出租进而获得收益。如果放弃这种非税收入，或非税收入不以交易方式形成，则会导致国有生产要素价格信号失真，势必带来巨大效率损失，导致巨大资源环境风险。[1]除了提高公共资源的配置和使用效率外，通过预算对全民所有的国有资产收入进行合理的再分配，这部分基于公共产权取得的非税收入也起到了促进社会公平的效果。因此，研究非税收入时不仅需要关注基于公共权力取得的政府收费以进一步规范政府的行政行为，

---

[1] 刘尚希："论非税收入的几个基本理论问题"，载《湖南财政经济学院学报》2013年第3期。

更需要关注基于公共产权取得的国有资产收入以寻求公平与效率的相对平衡。

（三）财政联邦主义理论

所谓财政联邦主义理论，即在多级政府的现代国家，每级政府需要与之相匹配的财力。在我国中央与地方的财政关系中，存在着政府间事权与财权不匹配的现象。地方政府在基础设施建设和社会公益事业发展等各个方面都承担着较大的支出责任，同时各地之间在经济社会发展问题上存在着激烈的竞争，使得各地政府面临着财政资金紧张的压力。在此背景下，非税收入可以作为地方政府筹集资金途径的必要补充。另外，非税收入作为地方政府筹集资金的一种方式，相较于其他收入形式更具有针对性。中国幅员辽阔，各地经济基础和发展水平参差不齐，单一且尚未成熟的税收体系难以应对这样多层次的财政需求，而非税收入这种资金筹集方式可以根据各地发展的特点和痛点，通过专项建设基金等方式，有针对性地筹集资金支持各地相关事业的发展。[1]

总之，运用个别人付费理论、所有权人权益理论、财政联邦主义理论三种理论综合起来，可以给现行的非税收入设定提供较好的法理支撑。

四、当前非税收入权力配置及国外相关经验

（一）非税收入管理权限的纵向划分

目前，国务院颁布了《彩票管理条例》，财政部印发了《政府非税收入管理办法》《政府性基金管理暂行办法》《行政事业性收费项目审批管理暂行办法》《财政票据管理办法》等非税收入管理法规制度。湖南、云南、广西、内蒙古、甘肃、青海、浙江等省（区）先后出台非税收入管理条例，陕西、湖北、吉林、辽宁等省份出台了非税收入管理办法，云南等省份出台了财政票据管理办法，为依法加强非税收入管理奠定了基础。

---

[1]　邓秋云："我国非税收入研究：基于公共财政、国家财政和发展财政视角"，厦门大学2007年博士学位论文，第52~56页。

中央与地方政府间管理权限的划分主要有：其一，在收费权的划分方面，中央政府和地方政府各自有设立独立的收费项目的权力（政府性基金的立项仅限于中央）；地方政府的收费立项集中于省级政府，省级以下政府没有立项权。中央与地方共享的收入项目，其立项权与收费标准制定权集中在中央政府，收入的征收权由地方政府负责。其收入通常是在中央和地方政府间确定一个收入分成的比例。其二，在财产收益划分方面：一是土地资源的审批权集中于中央政府和省级政府，收益在各级政府间分配，主要属于省级以下政府；二是其他财产收益则按照其产权关系由各级政府自主处置，收益按照产权分配。

（二）非税收入管理权限的横向划分

从横向层面来看，政府非税收入权力主要包括政府非税收入立项权、政府非税收入征收权、政府非税收入管理权和政府非税收入资金使用权。

1. 政府非税收入立项权

政府非税收入立项权包括：（1）政府非税收入决定权。它是指政府非税收入立项机关根据上位法，按照正当程序，决定可以征收哪些非税收入的权力。（2）政府非税收入项目的开征与停征权。这是指对已经制定的政府非税收入制度，何时将其付诸实施的权力；或者对已经开征的项目，由于政治或经济诸方面的原因，何时停止其执行的权力。（3）收费标准的调整权。它是指对征收对象或征收项目的收费范围与标准或负担进行调整的权力。（4）收费减免权。这是指对收费减免数额、幅度、期限等审批权限进行的规定。

我国的非税设立权由固有设立权和剩余设立权构成，后者是前者的具体化或补充。一个非税项目的设立往往是两种权力先后运用的结果。由前述我国非税设立权配置现状的分析可知，无论是固有设立权，还是剩余设立权，多数被配置于较低级别的权力或行政机关。[1]

---

[1] 谭立："政府非税收入设立权及其配置"，载《社会科学战线》2015 年第 11 期。

2. 政府非税收入征收权

政府非税收入征收权是政府非税收入执法主体根据相关法律法规的规定，要求征收对象足额缴纳相应款额，并视情况决定是否基于特定缴款人减收、免收、缓收政府非税收入特别待遇的权力，包括征收权、申报受理权、漏管漏征清理权、减免审核权、缓征审批权等。[1]

3. 政府非税收入管理权

政府非税收入管理权是对政府非税收入稽查和行政处理等权力的总称。政府非税收入稽查是政府非税收入征收管理工作的重要步骤和环节，是政府非税收入机关代表政府依法对征收对象的缴纳情况进行检查监督的一种形式。政府非税收入稽查的依据是具有法律效力的各种政府非税收入法律、法规及各种政策规定。具体包括日常稽查、专项稽查和专案稽查。

4. 政府非税收入资金使用权

政府非税收入的资金使用权也称为政府非税收入收益权，是政府非税收入征管权的一项附随性的权力。包括谁有权支配政府非税收入、收入缴入哪个国库等。根据规定，[2]非税收入应当依照法律、法规规定或者按照管理权限确定的收入归属和缴库要求，缴入相应级次国库。非税收入实行分成的，应当按照事权与支出责任相适应的原则确定分成比例，并按下列管理权限予以批准：

（1）涉及中央与地方分成的非税收入，其分成比例由国务院或者财政部规定；

（2）涉及省级与市、县级分成的非税收入，其分成比例由省级人民政府或者其财政部门规定；

（3）涉及部门、单位之间分成的非税收入，其分成比例按照隶属关系由财政部或者省规定。

---

〔1〕　参见《政府非税收入管理办法》（财税〔2016〕33号）。
〔2〕　参见《政府非税收入管理办法》（财税〔2016〕33号）。

（三）国外非税收入法律理念和法律规制

1. 国外非税收入的法律理念

第一，非税收入相关法律的法律位阶。非税收入相关立法的法律位阶通常反映了规制对象在国家法律体系中的重要程度，一般而言，只有"位高"才能"权重"，高位阶的立法能够增加制度的刚性，从而使该项制度能够更好地发挥作用。国外非税收入的相关法律分为两类：一类是通过宪法的形式直接加以规定，同时制定相关的法律对非税收入制度加以规范。芬兰在《宪法》中规定："有关政府机关服务收费和文件收费，以及国营的邮政、铁路、河道、医院及其他公用事业收费的一般原则，由法律规定。"[1]第二类是在宪法中对非税收入进行间接规定，同时制定宪法性法律加以细化。日本《宪法》第83条规定："处理国家财政的权限，必须根据国会的决议行使。"[2]同时制定《财政法》等宪法性法律，对政府非税收入的设立和收取作出了规定。法国于2001年颁布了《财政法组织法》，通过宪法性法律对非税收入进行相关规定。

第二，非税收入法律的价值取向。纵观各国非税收入的立法实践，非税收入主要有三个方面的价值取向，即非税收入的法定性、补充性和非营利性。其一，非税收入的法定性，即非税收入法定原则，该原则是国外政府的非税收入的基本原则。各个国家对非税收入的立项、收费标准等都有着一系列的规定，例如，美国通过议会或者选民投票来确定非税收入的项目和标准，加拿大实行听证制度来听取缴费人的相关意见，新加坡则是在制定相关项目之前充分征求社会意见。[3]其二，非税收入的补充性，也即非税收入仅仅作为国家税收收入的补充。一般而言，税收是国家财政收入的主要部分，非税收入仅仅作为国家税收收入的补充，占据国家财政收入的一小部分。其三，非税收入的非营利性，即非税收入的公益性。综合考

---

〔1〕 唐峻："政府非税收入法律制度研究"，西南政法大学2015年博士学位论文，第66页。

〔2〕《日本国宪法》（昭和二十一年宪法），载http://elaws. e-gov. go. jp/search/elawsSearch/elaws_search/lsg0500/detail？lawId＝321CONSTITUTION#231，最后访问日期：2016年3月29日。

〔3〕 卢秋颖："国外非税收入负担比较及启示"，载《发展改革理论与实践》2017年第5期。

察国外非税收入相关立法，国外政府的非税收入项目设立的目的主要是补偿性的收入，其主要目的是弥补政府管理以及相关公共投入的成本开支，即为了"补差"，而非"营利"。

第三，非税收入法律的正当程序。基于财政法定原则，国外政府非税收入的立法遵循了严格的正当程序。由于非税的相关立法涉及国家权力与公民权利的竞合，国家财政权力的过分扩张会侵蚀公民的财产权利，因此，各国在有关非税相关的立法问题上都设置了严格的程序。例如，美国政府非税收入立法层次基本上集中在联邦和州两级。[1]根据联邦《宪法》，只有众议院才有权提出有关财政收入的提案，各州《宪法》则将联邦《宪法》授予本级政府的非税收入立法进行进一步明确，对非税收入的项目设立、标准等相关的决议设置了一系列的投票程序。日本的《财政法》规定，租税以及通过行使国家权力而征收的各项非税收入都要有法律或者国会的决议。[2]对于法国来说，财政相关的立法要经过议会的财政委员会、部门委员会、国民议会通过后，再经由宪法委员会进行审核，才能形成最终法案。从国外的实践经验来看，非税的立法程序既有一般立法的在程序上的共性，同时也有作为财税相关立法的特性，即在弥补国家公共服务成本、保障国家合理财政收入的前提下，谦抑而谨慎地启动非税立法程序。

2. 国外非税收入的法律规制

（1）政府关于非税收入的权力配置

美国是世界上最大的经济体，其财政收入中的非税收入也有着比较成熟的运行体制。美国政府的非税收入是由三级政府来完成的，即联邦政府、州政府和县市（镇、特区）。因而在分立的财政系统中，各级政府都享有非税收入管理权，但管理机制架构较为相似，其中以联邦政府非税收入管理最为全面规范。美国联邦政府财政对于非税收入的依赖远远低于州

---

〔1〕 聂少林："国外政府非税收入规范管理经验借鉴及启示"，载《财政研究》2010 年第 12 期。

〔2〕 王朝才编译：《日本财政法》，经济科学出版社 2007 年版，第 86 页。

或地方的财政对于非税收入的程度，非税收入构成了联邦政府财政收入的12%左右，而地方政府的非税收入却能占到15%左右，有的地方政府的非税收入可能达到惊人的50%。[1]

日本是单一制国家，但地方拥有较大的自主权。对于政府间的事权划分，日本的宪法及相关法律规定比较完备，政府间事权界定相对清晰，并且确立了地方政府优先承担行政事务的原则。同时日本实施中央、都道府县、市町村三级行政体制，一级政府一级财政，但实际上都道府县并无对所属市町村均衡财力职责，在财政管理层次上两者处于同一层次，财政管理扁平化。日本中央非税收入包括专卖收入、国有企业利润和国营事业收入、财产处理收入和杂项收入。地方政府非税收入则主要包括高初中学费、幼儿园托儿所收费、公营住宅收费等公共服务性收费，港湾设施利用费和公证费等手续费，公有土地租借收费等财产收入，下水道事业中使用者分担性收费等。[2]这种收入结构也表明地方政府提供的相关公益性服务事业，基本是用收费的形式筹集事业发展资金的。

（2）非税收入的管理机制

第一，严格的项目设立程序。美国在1950年以后，国会为了有效提升公共服务部门的效率和质量，提升行政部门的社会适应性，决定由独立办公室进行非税收入项目的审核建立，并且承担项目拨款的责任，赋予相关行政部门能够根据法律规定直接设立非税收项目的权利。日本各级政府间事权与支出责任以法律形式进行了细致的划分，自成体系以规避职能重复。同时，中央政府对地方政府实行严格的管理和控制，中央财政集中税政、收费、基金的审批和控制权，通过"地方税法"等相关法律法规对所有地方税的税种、税目、税率和扣除项目加以明确，地方政府常处于中央政府"代管人"的角色。

---

[1] 高淑娟、乔木、刘普："美国联邦政府非税收入的范围及特点"，载《税务研究》2015年第8期。

[2] 聂少林："国外政府非税收入规范管理经验借鉴及启示"，载《财政研究》2010年第12期。

第二，统一的财政预算管理体系。资金使用是非税收入管理的核心和关键。在美国联邦政府中，只有国会拥有安排非税资金使用的权力。为了有效行使这一权力，国会在非税收入的类型、期限、用途、数额和拨付上都进行了详细的设置，通过具体的调整组合在非税收入监管和效率。当然，严格监管会在一定程度上影响非税收入使用效率，使政府机构无法自由调度资金以平滑收入，也妨碍其对公共需求作出快速反应。

第三，规范的收缴程序与现代科学的收缴方式。美国联邦非税收入的征管主要是采用电子化征管的方式。随着科学技术的不断发展，运用信息技术再造政府已经成为政府工作的主要形式，美国逐渐走上了信息化电子政府的发展道路。为了有效对政府的工作效率、行政措施以及政府服务的质量和水平进行评估，总统和国会组织了全国绩效评估委员会进行深入研究。现在，美国的联邦政府、州府以及各个地方政府都逐渐具备了电子化操作系统的能力，能够逐步实现非税税收电子化征收。[1]这样的操作既方便征收又有利于加强对收缴的监管。

（3）对政府非税收入的监督机制

美国、加拿大各级政府必须向公众公开财政预算报告和财政管理政策，公众通过政府网站能够查询到各项财政收支（包括政府非税收入收支）情况，接受公众监督。美国每年在向议会报告政府财政收支顶算时，也必须包括有关收费的具体内容，接受议会的审查。加拿大还规定，政府部门和机构应当向国库部门和地方政府的收费检查委员会报告收费的财务管理情况，接受其的审计、项目评审等，以促进政府部门和机构严格执行收费政策。

五、非税收入法律规制的基本原则

从公众个体或社会主体而言，如果政府可以任意征收非税收入，则社

---

[1] 高淑娟、乔木、刘普："美国联邦政府非税收入的范围及特点"，载《税务研究》2015年第8期。

会经济主体的财产权利无疑会面临着巨大的不确定性和经营风险，这种财产的不安全和社会成本负担的加重将直接影响经济社会发展的稳定，尤其是在经济处于中低速增长的常态中、企业减负甚至关乎生死存亡时更是如此。[1]所以，对于非税收入的法律规制是控制社会风险的必要手段。考察国外非税收入的相关制度，可以发现非税收入的法律规制需要借鉴税收领域的一些基本原则，同时要结合非税收入的具体情形来加以研究。

（一）非税收入法定原则

从 2004 年开始，国务院确立了非税收入制度，并制订了有关非税收入的部门规章，比如行政性事业收费、国有资产有偿收入、政府性基金、国有资本收益、彩票公益金、财政票据等领域。可以看出，非税收入相关立法形式多表现为部门规章、行政性决定，但是没有最高立法机关的相关立法，也未确立成熟的非税收入制度体系。因而，在执法过程中，国务院相关部门的规章的执行力度和权威得不到保障，也无法严格确保非税收入征收工作的合法性，比如有的政府部门制定文件私设收费项目。相应地，人们必然对非税收入的合法性抱有怀疑，也会打击人们缴纳非税收入的积极性。

税收法定原则在《立法法》中已经明确下来，全面并详细地对税种、税收主体、对象、程序等进行规定，进一步提高了税收的法律地位，加强了税收的权威性、可预测性和执行力，人们对税收的支持力度也大幅上升。在非税收入应该引入法定原则。而且非税收入法定原则应该成为非税收入法律体系中的"帝王原则"。

第一，非税收入中"法"的内涵。这里的"法"应该是采取狭义概念，包括全国人大及其常委会制定的法律、省级人大及其常委会制定的地方性法规。不应该包括部门规章和地方政府规章在内。在一定时期内，可以由全国人大授权国务院制定相应的行政法规。

---

[1] 贾小雷："我国非税收入法律规制与国家财权治理的现代化"，载《法学论坛》2017 年第 4 期。

第二，非税收入项目法定。非税收入法定中的核心是对非税收入设定权的限制。非税收入项目设定权由狭义的法来控制则意味着将非税收入纳入了人民的控制之下。非经人民同意，政府不得设定非税收入项目。这是最基本的一步。加快制定与完善《行政事业收费法》《政府基金法》《价格法》《国有自然资源法》《公营企业法》等基础性非税收入法律依据。

第三，非税收入项目要素法定。一个政府非税收入项目包括名称、收缴对象、缴付人、收益主体、计收依据、收缴标准、收缴时期、执收单位等要件。设立政府非税收入项目，就是将各个构成要件等具体内容加以确定。由此便产生了政府非税收入设立权及其配置问题。[1]项目要素的规定原则上应由行政法规和地方性法规来规定。在紧急情形下，可以授权省级人民政府来确定。但是紧急情形一旦解除，则仍由行政法规和地方性法规来确定。

第四，非税收入征收程序法定。非税收入征收程序法定则要求非税收入的开征、停征、减免等都必须经过法定程序。这是自英国大宪章以来对国家权力控制思考的经验总结。程序的法定应该通过制定《非税收入征管法》予以明确规定。在立法时机不成熟时，可先由国务院制定《非税收入征收管理条例》予以规定。同时，在立法中对于各层级政府部门的非税收入设定的授权行为要进一步明确其权限、设定范围和设定程序性要件，从而避免地方政府以"自我赋权"的方式随意的设定非税收入项目，真正做到法无授权不可为，进而形成规范有序的非税收入法律规范体系。[2]

（二）非税收入公平原则

从 2000 年以来，我国非税收入的规模大约扩大了 10 倍，增长速度超过财政收入的 20%，并且地方政府的非税收入的增长速度远远领先于中央政府。而且我国非税收入的增幅和规模也较高于发达国家。[3]人人享有合

---

〔1〕　谭立："非税管理权配置的理论依据与基本原则"，载《江西社会科学》2012 年第 8 期。

〔2〕　贾小雷："我国非税收入法律规制与国家财权治理的现代化"，载《法学论坛》2017 年第 4 期。

〔3〕　唐峻："政府非税收入法律制度研究"，西南政法大学 2015 年博士学位论文，第 75 页。

法财产的所有权，不得被随意侵犯，征税应遵循民主和法治。但是，目前阶段，在非税收入中地方政府非税收入所占的比重较大，其与税收之间的结构不够平衡。除此之外，非税收入的各个项目之间的比例不合理，并且具有不稳定性，比如土地出让金收入的比例过大且增速过快，无法保障财政收入的稳定增长，再加上大部分非税收入使用范围较为特定，无法对其进行广泛运用，不利于国家法定职能的有效行使。

非税收入公平体现为横向公平和纵向公平两个方面。横向公平体现为在整个财政收入体系中，税收收入与非税收入的比重应该有一个总量平衡。相比较而言，由于非税收入在征收程序和立法层次上低于税收，所以其比重不能在整个国家财政收入中占据主要地位，应该处于补充性地位。另外，不同地区的非税收入征收对象的负担能力不同，所以要根据不同地区和层级来进行合理征收。这也是量能课税原则在非税领域的借鉴。比如一些证照的成本费，针对社会弱势群体就应该予以减免。纵向公平体现为非税收入的分级管理和纵向平衡。从各国非税收入的比较来看，不论是发达国家还是发展中国家，政府层级越低，非税收入比重越高。前文已经论述，非税收入是对特定对象提供的准公共产品或者基于国家所有权的收益，基层政府往往是这些准公共产品的提供者和基础设施发展义务的承担者。所以基层政府更依赖于这些非税收入。

（三）非税收入效率原则

自从实行分税制后，出现了地方政府财政收入和事权不平衡的问题，无法保障政府职能的有效行使，进而国务院将部分收费权授予地方政府，保证地方财政收入的稳定增长。但是，却导致地方征收项目的数量大幅度地非正常化增加，中央政府大概有 130 多项，地方政府有 1000 多项，[1]这些项目大多以部门规章和红头文件的形式出现。在我国非税收入的征收部门、项目的数量一直无法准确统计，收费项目也比较杂乱，并且政府的相关部门滥用权力擅立项目乱收费，给公民和经营者带来了的巨大的经济

---

〔1〕 郭晋辉："54 县级财政审计：非税收入占六成"，载《第一财经日报》2012 年 6 月 11 日。

负担。除此之外，我国非税收入的重心在于地方政府，征收的标准和依据不统一，财政部门同时享有征收权和决定权，非税收入没有独立的部门管理，从而无法保证非税收入的征收效率。

不论是税收，还是非税收入，都要承担为政府筹集财政收入的功能。既然同样承担筹集财政收入的功能，就不得不考虑成本与收益的问题，即以最小的成本获得最大收益。

因此，在非税收入中，我们可以从以下方面确定非税收入高效原则。其一，整合非税收入的项目分类，便利征收行为。将非税收入大量无序的收费项目根据各自的特点和功能，进行合理科学的分类和清理，使它们各得其所，取消不合法和不合理的乱收费。其二，优化政府非税收入部门。各级政府依法设立专门的非税征管部门，把非税收入的征收权和决定权交由相互独立的两个部门行使，统一确定合适的征收标准，防止职权行使冲突的发生，加强部门内部和上下级之间的监督和制约。国地税合并之后，统一由地税部门来征收非税收入是提高非税收入征收效率的顺水推舟之举。其三，考虑缴纳者的经济负担。政府在依法增设非税收入时，不应给生产经营者和公民设置过多的缴纳事项和过分干预市场经济的发展，减少缴纳者的额外负担，征收部门要遵循比例原则，以最小的成本实现利益最大化。在减税降费打造营商环境的今天，适当降低非税收入的标准是一条可行的思路。

（四）非税收入透明度原则

虽然 2014 年《预算法》已经提出了全口径预算的要求，但是在实践操作中，大量的非税收入，尤其是政府性基金收入等，其管理仍然同税收收入有较大区别。非税收入的制定程序并没有让人民参与，这必然不能发挥人民对非税收入的征收行为的监督作用。大部分非税收入立法程序和信息不公开不可避免地造成征收范围、主体等混乱，无法实现政府信息公开，更无法打造阳光政府。不论是国际货币基金组织，世界银行还是经济合作与发展组织都已经把透明度规则作为现代政府的一个基本原则。

人民将非税收入征收权授予政府行使，而政府极有可能滥用权力，侵犯人民的合法权益。社会契约论主张人人的财产和自由都应得到保障，而政府应对人民负责，合法行使权力。针对非税收入中政府部门与人民之间的信息不对称的问题，我们可以基于社会契约论和人民主权论建立非税透明度原则来解决[1]。首先，非税收入立法应该公开透明。每项非税收入的决定都应该进行公开的听证程序，广泛听取相关利益者及公众意见。在此基础上政府方可进行科学决策。其次，建立非税收入信息公开制度，实现非税收入透明，向人民公开所有合法的非税收入项目及其项目要素。通过建立多样化的公开渠道减少人民获取信息的困难，确保所公开信息的准确、真实和有效，并且加强公众参与，通过权利制约权力，进而推进国家治理体系和治理能力现代化。最后，对于非税收入的使用情况应该向社会公开。可以借鉴国外先进经验，对非税收入的使用情况在网上予以定期公布，方便市民了解。

六、非税收入的法律规制路径

(一) 非税收入立法的路径选择

在财税改革的大背景下，全面推进财政科学化精细化管理，更好地为国理财既是时代的要求，也是推进国家治理体系、治理能力现代化的必然要求。十九大报告提出："加快建立现代财政制度，建立权责清晰、财力协调、区域均衡的中央和地方财政关系。"所以要实现非税收入的科学管理，变革现有的非税收入管理机制，必然要立法先行，建立我国的非税收入立法体系。

世界各国的非税收入立法有三种模式，即中央与地方分立并行模式、中央集权立法模式和中央集权为主地方补充为辅的立法模式。中央和地方分立并行的立法模式普遍存在于联邦制国家，中央政府和地方政府均享有

---

〔1〕 张学博："财政透明度规则：国家治理现代化的现实路径"，载《天津行政学院学报》2017 年第 3 期。

非税收入的立法权。美国和加拿大为典型代表。与联邦制国家不同的是，日本作为中央财政权较为集中的国家，在非税收入领域的纵向立法权配置相对集中。表现在财政立法权集中和财政执行权分散、财政收入主要向上级政府集中而支出使用向下级政府分散的模式。

我国的税收立法权与非税收入立法权原则上应该集中在中央层面，但是随着地方各项准公共产品和服务需求的日益增长，地方财政压力不断增大，如果过分限制地方政府的财政权限，不利于地方经济的发展以及政府职能的实现。鉴于中国改革开放40年的实践，兼顾财政资源的有效管理和高效配置，建议实行"中央集权为主，地方补充为辅"的混合立法模式，缓和中央与地方的财政关系。

（二）非税收入法律规制的现实路径

1. 非税收入法律体系之构建

第一，由国务院起草制定《非税收入管理条例》。综合借鉴各地（黑龙江、安徽、江西等）已启动的地方政府非税收入管理条例征求意见稿或实施稿，整合2016年财政部颁布的《政府非税收入管理办法》相关内容及收集实施以来遇到的各种问题，并由国务院颁布《非税收入管理条例》。

第二，全国人大及其常委会应逐步制定《政府性基金法》《行政事业性收费法》等非税收入实体法并同时制定《非税收入征收管理法》。除了罚没收入和彩票收入两类非税项目外，行政事业性收费、政府性基金、国有资本经营收益等其他八类非税项目的设立权配置基本上无法律或法规依据。所以应该尽快将这些非税项目制定法律予以规制。

第三，在积累一定的单行非税收入立法经验之后，制定《非税收入基本法》或《非税收入总则》。我国《立法法》（2015修正）第8条明确规定，非国有财产征收征用要制定法律，涉及金融、财政、海关收入也要制定法律，这里都涉及非税收入法定问题，因此现在落实非税收入法定非常重要。非税收入取之于民，任何从民众那里得来的财产均须有效力层级更高的法律进行确认，不仅是税收法定，非税收入亦需要从法律层面进行界定。

2. 非税收入的实体法律规制之内涵

第一，明确政府非税收入的基本概念、基本原则、权力配置、基本内容。从法律制度上明确非税收入的概念、性质、范围、原则以及征管办法等。要继续清理整顿行政事业性收费和政府性基金，取消不合法、不合理的收费项目，规范现有的，改革应税的，将不体现政府行为的收费转为经营服务性收费，将一些具有税收特征的行政事业性收费、政府性基金改为税收，进一步规范政府非税收入管理真正做到非税收入总量、比例合理增长。这个部分的内容，可以先在《非税收入管理条例》中进行规定，未来在《非税收入基本法》中更加全面地进行规范。

在这些内容中，有两点比较关键：一个是非税收入法定原则。非税收入法定原则是其中比较关键的一步。只有将非税收入立项权严格法定，只有法律法规才能设定，那么非税收入才会受到真正的约束。应严格控制行政机关的非税固有设立权，将其限定于法律、行政法规和地方性法规。审批权等非税固有设立权则应该限定于国务院财政部门及省级人民政府。另外一个是非税收入透明度原则。历史经验已经反复证明，公开透明是控制权力的最有效手段。非税收入除了严格遵守法定原则之外，从立项到开征都要向社会公开，在之后的使用也要向社会保持透明度规制。这样才能保护非税收入取之于民、用之于民。

第二，明确非税收入管理的基本模式。非税收入管理的基本模式，即非税收入的征管方式。政府非税收入立法过程中，应吸收并发展近年来政府非税收入征管的理论和实践成果，在非税收入征收管理、资金管理和票据管理等方面作出一系列具体规定；以有关部门、机构的职责分工和相互制衡为核心，确立"单位开票、银行代收、政府统筹、财政统管"的非税收入管理模式。

第三，明确非税收入的监督机制和相关法律责任。政府非税收入立法，要切实加强对非税收入的监督，使非税收入的管理纳入法制化的轨道。建立健全非税收入监督机制，建立多层次的监督管理制度，包括人大监督、财政监督、执收和使用单位内部财务审计监督以及社会公众监督等，形成一个比较完整的，不同级次、全方位的非税收入监督体系。

第四，明确政府非税收入的征收主体及征缴方式。以法律法规的形式明确规定财政部门的非税收入管理地位。多年来，由于非税收入一直由政府具体的行政管理部门执收，通过非税收入征收管理系统缴入财政后，又由执收部门向财政部门申请使用。造成执收单位形成自己就是非税收入的征收主体，非税收入应归本单位所有的思想。应以立法的形式将非税收入的征收主体确立下来。非税收入是政府部门在行使其职能过程中形成的政府性收入，是财政收入的重要组成部分。在国地税合并的大背景下，由税务部门统一征收非税收入已是大势所趋。所以，在即将出台的《非税收入管理条例》中应该明确由税务机关统一征收非税收入。

按照"收支两条线"管理规定，非税收入应实行"收缴分离"，即执收单位不直接收款，由缴款人根据执收单位开具的非税收入统一票据或专用票据，直接到财政部门指定的收款银行缴款。执收行为与资金收缴相分离，可以防止资金被截留、挤占、挪用和坐收坐支，确保资金及时足额收缴。

第五，明确政府非税收入的预算管理方式。按照2014年修正的《预算法》严格实施，对于非税收入全部纳入预算管理至关重要。非税收入是各级政府的地方财政收入，应按照执收执罚部门和单位的隶属关系，将非税收入纳入同级政府财政预算管理。按照全国人大和国务院的要求，非税收入应当纳入财政预算管理，目前仍按预算外管理的非税收入，尽快全部纳入财政预算管理。同时，按照建立完整的政府预算体系和实施分类预算管理的要求，根据不同资金性质和特点，将非税收入分别纳入公共财政预算、政府性基金预算和国有资本经营预算管理。

3. 非税收入的程序法律规制

第一，协同配套《非税收入征管法》。政府非税收入征收和管理事项的稳定性较强，可以在全国范围内施行统一的规范，因此，在国家层面上，适宜对关于征收和管理的程序进行规范，以程序法的形式出现，而不应该是实体法。其立法目的应明确为确保政府非税收入征收和管理活动严格遵循程序；其规范对象是关于政府非税收入征收、使用、管理的若干事项；其内容应具体包括政府非税收入的界定和范围、政府非税收入的主管机关、政府非税收入的征收程序、政府非税收入的管理事项（资金管理、票据管理、收入使用管理等）、政府非税收入的法律责任等。[1]

第二，减轻转移支付制度对部分地方非税规范管理的负面影响。目前，我国不少地方实际掌握的财政资源与其事权相比不算少，但其真实财力的很大一部分都来自转移支付。上级政府在对地方实施转移支付之前，先要计算地方财力，而非税收入会被折算成地方政府的一部分财力。这种做法一方面会诱使某些地方政府为了获得更多的转移支付，而将征收到的非税收入不纳入地方政府预算中，而另一方面又使得那些严格按照相关制度进行征收与管理的地方政府在转移支付中"吃亏"，进而影响了其继续严格管理非税收入的积极性，所以，为了减轻这种负面影响，在完善转移支付制度时，减少非税收入抵扣地方财力的比例，加大对地方非税收入管理的考核力度，避免转移支付制度对非税收入征管可能产生的不利影响。

---

[1] 吴金光："我国政府非税收入管理立法探讨"，载《财会月刊》2012年第9期。

参考文献

中文著作类

1. ［日］北野弘久：《税法学原论》（第 4 版），陈刚等译，中国检察出版社 2001 年版。

2. ［古希腊］亚里斯多德：《尼各马科伦理学》，苗力田译，中国社会科学出版社 1999 年版。

3. ［古希腊］亚里士多德：《政治学》，吴寿彭译，商务印书馆 1965 年版。

4. ［古希腊］柏拉图：《理想国》，郭斌和、张竹明译，商务印书馆 1997 年版。

5. ［英］弗里德利希·冯·哈耶克：《法律、立法与自由》（下册），邓正来等译，中国大百科全书出版社 2000 年版。

6. ［美］约翰·罗尔斯：《正义论》，何怀宏、何包钢、廖申白译，中国社会科学出版社 2009 年版。

7. （魏）王弼注：《老子道德经注》，楼宇烈校释，中华书局 2011 年版。

8. 《大学》开篇。

9. 《左传·襄公二十四年》。

10. 《庄子·天下篇》。

11. 《论语·卫灵公》。

12. 中共中央文献研究室编：《习近平总书记重要讲话文章选编》，中央文献出版社 2016 年版。

13. 《中国共产党第十八届中央委员会第六次全体会议公报》，人民出版社 2016 年版。

14. 王泽鉴：《民法物权》，北京大学出版社 2010 年版。

15. 王晓方：《驻京办主任》，作家出版社 2007 年版。

16. ［美］汉密尔顿、杰伊、麦迪逊：《联邦党人文集》，程逢如等译，商务印书馆 1980

年版．

17. 冯友兰：《贞元六书》，华东师范大学出版社 1996 年版。

18. 刘剑文、熊伟：《税法基础理论》（第 7 版），北京大学出版社 2004 年版。

19. 刘剑文、熊伟：《财政税收法》，法律出版社 2018 年版。

20. 孙立平：《博弈——断裂社会的利益冲突与和谐》，中国社会科学文献出版社 2006 年版。

21. 张军主编：《解读最高人民法院司法解释之刑事卷》（下），人民法院出版社 2011 年版。

22. 张学博：《生态治理能力现代化视野下的财税法学前沿问题研究》，中国政法大学出版社 2017 年版。

23. 张学博主编：《改革与立法关系研究——从税制改革切入》，中国社会科学出版社 2017 年版。

24. 黄明善、于述胜：《中国教育哲学史》（第 2 卷），山东教育出版社 2000 年版。

25. 陈少英等：《财产税法论》，法律出版社 2019 年版。

26. 陈西婵、杨国庆：《重庆房产税试点的政策效应研究》，西南财经大学出版社 2017 年版。

27. 陈锋：《乡村治理的术与道：北镇的田野叙事与解释》，社会科学文献出版社 2016 年版。

28. （明）罗贯中：《三国演义》，时代文艺出版社 2003 年版。

29. ［美］汤姆·L. 彼彻姆：《哲学的伦理学》，雷克勤等译，中国社会科学出版社 1990 年版。

30. 金良年撰：《论语译注》，上海古籍出版社 2012 年版。

31. 房绍坤：《用益物权基本问题研究》，北京大学出版社 2006 年版。

32. 胡怡建、田志伟、李长生编著：《房地产税国际比较》，中国税务出版社 2017 年版。

33. 侯一麟、任强、张平：《房产税在中国：历史试点与探索》，科学出版社 2014 年版。

34. 祝灵君：《授权与治理：乡（镇）政治过程与政治秩序》，中国社会科学出版社 2008 年版。

35. 费孝通：《乡土中国》，上海人民出版社 2007 年版。

36. 贺雪峰：《地权的逻辑Ⅱ：地权变革的真相与谬误》，东方出版社 2013 年版。

37. 徐滇庆：《房产税》，机械工业出版社 2013 年版。

38. 郭宏宝：《房产税改革的经济效应：理论、政策与地方税制的完善》，中国社会科学出版社 2013 年版。

39. 黄茂荣：《税法总论》，植根法学丛书编辑室 2008 年版。

40. ［荷兰］斯宾诺莎：《伦理学》，贺麟译，商务印书馆 1983 年版。

外文著作类

1. Adams，James Ring，*Secret of the Tax Revolts*，San Diego：Harcourt Brace Jovanovich，1984.

2. Isaac William Martin，*Rich people's movements*：*Grassroots campaigns to untax the one percent*，Oxford：Oxford University Press，2013.

3. Isaac William Martin，*The Permanent Tax Revolt*：*How the Property Tax Transformed American Politics*，Stanford，Calif.：Stanford University Press，2008.

4. Jack Goldsmith and Tim Wu，*Who Controls the Internet? Illusions of a Borderless World*，New York：Oxford University Press，2006.

5. Kevin J. O Brien and Lianjiang Li，Selective Policy Implementation in Rural China，Comparative Politics，vol. 31，no. 2，1999.

6. See Allen E. ，*Buchanan. Marx and justice*：*the radical critique of liberalism*，Publication info：London：Methuen，1982.

中文论文类

1. 丁文："论土地承包权与土地承包经营权的分离"，载《中国法学》2015 年第 3 期。

2. 丁帆："文明冲突下的寻找与逃逸——论农民工生存境遇描写的两难选择"，载《江海学刊》2005 年第 6 期。

3. 于健慧："中央与地方政府关系的现实模式及其发展路径"，载《中国行政管理》2015 年第 12 期。

4. 王卫国："现代财产法的理论建构"，载《中国社会科学》2012 年第 1 期。

5. 王光森："邓小平党法关系思想及其现实启示"，载《中共福建省委党校学报》2013 年第 11 期。

6. 王宗涛、熊伟："我国房产税试点改革问题：政策的适用性分析"，载《河南社会科学》2013 年第 3 期。

7. 王建学、朱福惠："法国地方试验的法律控制及其启示"，载《中国行政管理》2013 年第 7 期。

8. 王海娟、贺雪峰："资源下乡与分利秩序的形成"，载《学习与探索》2015 年第 2 期。

9. 王舒毅："世界主要国家网络安全建设经验及启示"，载《当代世界与社会主义》2015 年第 4 期。

10. 韦鸿、王琦玮："农村集体土地'三权分置'的内涵、利益分割及其思考"，载《农村经济》2016 年第 3 期。

11. 邓维杰："精准扶贫的难点、对策与路径选择"，载《农村经济》2014 年第 6 期。

12. 吴铭、彭韧："三种传统的融会与中华文明复兴"，载《21 世纪经济报道》2004 年 12 月 30 日。

13. 左长安等："伦敦雾霾控制历程中的城市规划与环境立法"，载《城市规划》2014 年第 9 期。

14. 叶姗："税权集中的形成及其强化考察近 20 年的税收规范性文件"，载《中外法学》2012 年第 4 期。

15. 乔洪武、张江城："共享经济：经济伦理的一种新常态"，载《天津社会科学》2016 年第 3 期。

16. 向玉乔："社会制度实现分配正义的基本原则及价值维度"，载《中国社会科学》2013 年第 3 期。

17. 刘尚希："分税制的是与非"，载《经济研究参考》2012 年第 7 期。

18. 刘佳："房产税法的演进及其功能定位与制度设计"，载《求索》2014 年第 5 期。

19. 刘建伟："恐惧、权力与全球网络安全议题的兴起"，载《世界经济与政治》2013 年第 12 期。

20. 刘剑文、陈立诚："论房产税改革路径的法治化建构"，载《法学杂志》2014 年第 2 期。

21. 米旭明、黄黎明："美国房产税减免制度的演进及其政策启示"，载《经济学动态》2016 年第 8 期。

22. 安维复："人工智能的社会后果及其思想治理——沿着马克思的思路"，载《思想理论教育》2017 年第 11 期。

23. 苏力："当代中国的中央与地方分权——重读毛泽东〈论十大关系〉第五节"，载《中国社会科学》2004 年第 2 期。

24. 苏力："社会转型和中国法治"，载《经济导刊》2015 年第 5 期。

25. 苏力："齐家：父慈子孝与长幼有序"，载《法制与社会发展》2016 年第 2 期。

26. 苏力："齐家：男女有别"，载《政法论坛》2016 年第 4 期。

27. 苏永钦："法定物权的社会成本——两岸立法政策的比较与建议"，载《中国社会科学》2005 年第 6 期。

28. 李永亮："'新常态'视阈下府际协同治理雾霾的困境与出路"，载《中国行政管理》2015 年第 9 期。

29. 李恒阳："'斯诺登事件'与美国网络安全政策的调整"，载《外交评论（外交学院学报）》2014 年第 6 期。

30. 李恒阳："后斯诺登时代的美欧网络安全合作"，载《美国研究》2015 年第 3 期。

31. 杨枬："中华苏维埃法制的形成及其特点"，载《南昌大学学报（人文社会科学版）》1982 年第 3 期。

32. 杨冠琼："科层化组织结构的危机与政府组织结构的重塑"，载《改革》2003 年第 1 期。

33. 肖明："'先行先试'应符合法治原则——从某些行政区域的'促进改革条例'说起"，载《法学》2009 年第 10 期。

34. 吴汉东："人工智能时代的制度安排与法律规制"，载《法律科学（西北政法大学学报）》2017 年第 5 期。

35. 吴兴国："承包权与经营权分离框架下债权性流转经营权人权益保护研究"，载《江淮论坛》2014 年第 5 期。

36. 何哲："人工智能时代的社会转型与行政伦理：机器能否管理人?"，载《电子政务》2017 年第 11 期。

37. 余敏江："论生态治理中的中央与地方政府间利益协调"，载《社会科学》2011 年第 9 期。

38. 汪三贵、郭子毫："论中国的精准扶贫"，载《贵州社会科学》2015 年第 5 期。

39. 汪仕凯："先锋队政党的治理逻辑：全面从严治党的理论透视"，载《政治学研究》2017 年第 1 期。

40. 宋亚平："论中国古代'内重外轻'与'外重内轻'的博弈——以郡县制为视阈"，

载《华中师范大学学报（人文社会科学版）》2012年第6期。

41. 宋亚平："郡县制度：君主专制与中央集权的坚实基石——历史发展与反思"，载《浙江学刊》2012年第6期。

42. 张伟宾："精准扶贫要减少无用功"，载《农民日报》2017年6月2日。

43. 张守文："关于房产税立法的三大基本问题"，载《税务研究》2012年第11期。

44. 张红、王世柱："社会治理转型与信访法治化改革"，载《法学》2016年第9期。

45. 张红宇："中国农地调整与使用权流转：几点评论"，载《管理世界》2002年第5期。

46. 张国安："试论列宁的党法关系理论"，载《理论学刊》2007年第2期。

47. 张学博："国际竞争视野下中国市场经济的法律保障"，载《郑州航空工业管理学院学报》2013年第1期。

48. 张学博："税收法定原则新论：从绝对主义到相对主义"，载《上海财经大学学报》2016年第4期。

49. 张学博："中国农村土地制度的历史观察：1949-2016"，载《党政研究》2017年第3期。

50. 张学博："德法合一：中国特色社会主义法治的历史传统"，载《岭南学刊》2017年第5期。

51. 张学博："文件治国的历史观察：1982-2017"，载《学术界》2017年第9期。

52. 张翔："财产权的社会义务"，载《中国社会科学》2012年第9期。

53. 陈小君："我国农村土地法律制度变革的思路与框架——十八届三中全会《决定》相关内容解读"，载《法学研究》2014年第4期。

54. 陈颀："网络安全、网络战争与国际法——从《塔林手册》切入"，载《政治与法律》2014年第7期。

55. 陈金钊："'法治改革观'及其意义——十八大以来法治思维的重大变化"，载《法学评论》2014年第6期。

56. 陈柳裕、王坤、汪江连："论地方法治的可能性——以'法治浙江'战略为例"，载《浙江社会科学》2006年第2期。

57. 陈晴："重庆房产税改革试点中的征管困境：成因与启示"，载《广东社会科学》2017年第4期。

58. 陈露译："英国工党章程"，载《当代世界社会主义问题》2008年第3期。

59. 周飞舟："从'汲取型'政权到'悬浮型'政权：税费改革对国家和农民关系之影响"，载《社会学研究》2006 年第 3 期。

60. 周飞舟："财政资金的专项化及其问题兼论'项目治国'"，载《社会》2012 年第 1 期。

61. 周尚君："国家建设视角下的地方法治试验"，载《法商研究》2013 年第 1 期。

62. 周尚君："地方法治试验的动力机制与制度前景"，载《中国法学》2014 年第 2 期。

63. 郑志来："共享经济的成因、内涵与商业模式研究"，载《现代经济探讨》2016 年第 3 期。

64. 胡凌："人工智能的法律想象"，载《文化纵横》2017 年第 2 期。

65. 胡鞍钢、魏星："城乡分制、政府层级与地区发展差距"，载《南京大学学报（哲学·人文科学·社会科学版）》2010 年第 1 期。

66. 战丽娜："区域视角下地方政府间横向关系调适"，载《人民论坛》2016 年第 14 期。

67. 信息社会 50 人论坛："从'网约车新政'透视转型期政府治理理念转变之必要性——'专车新政与共享经济发展'研讨会纪实"，载《电子政务》2015 年第 11 期。

68. 姜红利："放活土地经营权的法制选择与裁判路径"，载《法学杂志》2016 年第 3 期。

69. 洪名勇："开发扶贫瞄准机制的调整与完善"，载《农业经济问题》2009 年第 5 期。

70. 贺雪峰："取消农业税后农村的阶层及其分析"，载《社会科学》2011 年第 3 期。

71. 贺雪峰："南北中国：村庄社会结构视角的中国区域差异"，载《华中科技大学学报（社会科学版）》2013 年第 3 期。

72. 贺雪峰："论中坚农民"，载《南京农业大学学报（社会科学版）》2015 年第 5 期。

73. 贺雪峰："贫困的根本与扶贫的欲速不达"，载《决策探索（下半月）》2016 年第 5 期。

74. 秦小红："政府引导农地制度创新的法制回应——以发挥市场在资源配置中的决定性作用为视角"，载《法商研究》2016 年第 4 期。

75. 徐旭初、黄祖辉："中国农民合作组织的现实走向：制度、立法和国际比较——农民合作组织的制度建设和立法安排国际学术研讨会综述"，载《浙江大学学报（人文社会科学版）》2005 年第 2 期。

76. 高兆明："'分配正义'三题"，载《社会科学》2010 年第 1 期。

77. 郭旨龙："网络安全的内容体系与法律资源的投放方向"，载《法学论坛》2014 年第 6 期。

78. 唐淑凤："从经验到原则：解读信访工作新理念"，载《社会科学辑刊》2012 年第 4 期。

79. 黄学贤："行政法中的法律保留原则研究"，载《中国法学》2004 年第 5 期。

80. 崔威："税收立法高度集权模式的起源"，载《中外法学》2012 年第 4 期。

81. 崔聪聪："后棱镜时代的国际网络治理——从美国拟移交对 ICANN 的监管权谈起"，载《河北法学》2014 年第 4 期。

82. 渠敬东、周飞舟、应星："从总体支配到技术治理——基于中国 30 年改革经验的社会学分析"，载《中国社会科学》2009 年第 11 期。

83. 渠敬东："项目制：一种新的国家治理体制"，载《中国社会科学》2012 年第 5 期。

84. 渠敬东："中国传统社会的双轨治理体系　封建与郡县之辨"，载《社会》2016 年第 2 期。

85. 梁涛："北宋新学、蜀学派融合儒道的'内圣外王'概念"，载《文史哲》2017 年第 2 期。

86. 董青岭："多元合作主义与网络安全治理"，载《世界经济与政治》2014 年第 11 期。

87. 楼建波："农户承包经营的农地流转的三权分置——一个功能主义的分析路径"，载《南开学报（哲学社会科学版）》2016 年第 4 期。

88. 谭荣华、温磊、葛静："从重庆、上海房地产税改革试点看我国房地产税制改革"，载《税务研究》2013 年第 2 期。

89. 颜琳、陈侠："美国网络安全逻辑与中国防御性网络安全战略的建构"，载《湖南师范大学社会科学学报》2014 年第 4 期。

90. 潘俊："农村土地'三权分置'：权利内容与风险防范"，载《中州学刊》2014 年第 11 期。

91. 檀有志："网络空间全球治理：国际情势与中国路径"，载《世界经济与政治》2013 年第 12 期。

92. 魏呈呈："英美德日韩房产税经验借鉴与启示"，载《财经界》2016 年年第 3 期。

外文论文类

1. Anderson，N. B. （2006），"Property tax limitations：An inter-pretative review"，*National Tax Journal* 59 （3）：685~694.

2. Cho，S. H. etal （2013），"Impact of a two-rate property tax on residential densities"，*American Journal of Agricultural Economics* 95 （3），685~704.

后 记

习近平总书记在中央党校建校 90 周年庆祝大会暨 2023 年春季学期开学典礼上强调指出:"党校始终不变的初心就是为党育才、为党献策。"本书的出版正其时也。本书一共收录了十篇文章,其中有些是已经发表的,有些是之前尚未发表的,但都是近年在中央党校研究生院讲授《经济法学前沿问题研究》课程的讲稿基础上撰写的。

文章的主题包括了数字法学、农村土地制度、共享经济、生态治理、房产税、非税收入等经济法学的前沿问题,研究方法上侧重于经济史、国际比较、功能主义分析。本书从纵向和横向两个维度对这些当代中国法治实践中的重大问题进行了分析,并尝试提出了一些解决思路。

本书的出版,要感谢我的所有领导、同事,特别要感谢我的所有老师、家人、学生和朋友,包括课堂之内和课堂之外对我的提点和帮助。在此,一并表示感谢!

因为本人能力和精力有限,书中的个别内容有所过时,有些内容也难免有所疏漏,还请读者们谅解和批评指正!

2023 年 10 月 19 日

于中央党校教研楼